做中层就要这样

抓落实

制度、流程、标准

落地全案

唐文君◎著

中国经济出版社
CHINA ECONOMIC PUBLISHING HOUSE
·北京·

图书在版编目（CIP）数据

做中层就要这样抓落实：制度、流程、标准落地全案 / 唐文君著．
—北京：中国经济出版社，2019.5（2022.12 重印）
ISBN 978－7－5136－5444－9

Ⅰ.①做… Ⅱ.①唐… Ⅲ.①企业管理—组织管理学 Ⅳ.①F272.9

中国版本图书馆 CIP 数据核字（2018）第 259989 号

责任编辑　海　毅　高晓晔
责任印制　巢新强
封面设计　任燕飞

出版发行　中国经济出版社
印 刷 者　北京富泰印刷有限责任公司
经 销 者　各地新华书店
开　　本　710mm×1000mm　1/16
印　　张　14.75
字　　数　210 千字
版　　次　2019 年 5 月第 1 版
印　　次　2022 年12月第 7 次
定　　价　58.00 元
广告经营许可证　京西工商广字第 8179 号

中国经济出版社 **网址** www.economyph.com **社址** 北京市东城区安定门外大街 58 号 **邮编** 100011
本版图书如存在印装质量问题，请与本社销售中心联系调换（联系电话：010－57512564）

前 PREFACE 言

中层管理者被喻为企业的“腰”，所谓腰不直则体不正，由此足见中层对企业的重要性。

麦肯锡公司通过对全球企业的广泛调查发现：一家公司能够持续发展，创造更好的业绩，最为关键的因素是拥有一批懂经营、会管理、善沟通、愿拼搏、脚踏实地、公道正派、廉洁高效、求真务实的中层管理者。

韩国三星集团的掌舵者李健熙深谙此道。他在刚接管三星时，三星还只是一家二流公司。李健熙上任后，做了一件非常重要的事情，即大量更换企业的中层干部，同时花大力气培养了2000多名中层。在李健熙看来，执行力的关键就在于中层。

在企业组织结构的三个层面——决策层、执行层、操作层中，执行层处在中间位置，起着承上启下的作用，是决策层和操作层的连接纽带，是企业愿景、战略决策、组织方案的执行者和实践者。他们可以将高层的意愿、基层的工作动能与市场现实这三股企业发展不可或缺的动力有机地连接起来。所以，抓好工作落实，关键在于中层，而中层务必要从制度、流程、标准三方面下手。

首先，抓制度落实。制度的生命力在于执行。制度一旦建立，就必须不折不扣地加以落实，否则再好的制度也是一纸空文。从某种意义上说，抓制度落实比定制度更为重要，正所谓“一流的制度三流的执行”不如“三流的制度一流的执行”。抓制度落实其实就是排除执行干扰、解决运行梗阻的问题。为此，中层要公正执法，坚决维护制度的权威，确保制度执行不走样。

其次，抓流程落实。流程与制度一样，都是确保工作落实到位的有效工具。有了可控的流程，意味着各项工作都要按照流程走，先做什么，后做什么，必须思路清晰、井然有序。另外，中层需制定相应的赏罚制度，对于不遵守流程的员工，必须给予处罚；如果没有处罚，流程就失去了规范性和约束力。

最后，抓标准落实。企业再造之父迈克尔·哈默发现：企业中有25%的员工在以低效的方式工作。为什么会这样？因为没有定好标准。所谓标准，就是工作要做成什么样子的衡量指标。比如，用什么方法去做，需要多长时间，做到什么程度，等等。落实工作离不开标准，只有狠抓标准落实，才能确保工作质量。

企业立足中层管理，以抓工作落实为核心，通过落实制度、流程、标准，最终确保各项工作完美落地。这就要求中层不仅以身作则，还要正确地带领团队，做好高层与基层的传达者、协调者、激励者、监督者等。

让高层不再为企业执行力低下而郁闷，让中层不再为抓工作落实而烦恼，这是所有管理者的任务，也是编写本书要达到的目的。将高层计划变成行动，将基层行动变成结果，按本书提供的制度、流程、标准落地全案带队伍抓管理，练就虎狼之师、飙出惊人业绩都将不是问题。

目
Contents
录

上篇　中层就要这样抓落实

第六章／赢在执行：抓好制度落实比什么都重要

管理是从制度开始的，但有了制度并不等于万事大吉，抓好制度落实才是关键。如果制度不能落实到位，再好的制度也是一纸空文，发挥不了任何作用。所以，不要把制度当成神灵一样供着，也不要把制度当成门神贴在墙上，而要把制度作为日常的行为规范守则，一切按制度办事，用制度约束大家。

第七章／流程化作业：各项业务高效运转的秘诀

任何一家企业都需要明确做事程序，即先做什么，后做什么，各环节的工作要达到什么标准，这就是流程。企业的运营管理和业务开展离不开科学、适宜的流程，好的流程能够消除部门壁垒，去除职务空白地带，解决执行不力的顽疾。因此，流程化作业被誉为企业各业务高效运转的秘密武器。

第八章／优化流程：高效节能提升团队执行力

有了流程，并不等于万事大吉，还需坚决按流程办事，根据企业实际需要不断适时优化流程。因为流程是为实现企业战略目标服务的，企业的战略目标在不断变化，流程自然也要跟着不断优化、不断完善，只有这样才能保证团队的执行力不打折，保证管理的高效能。

第九章／设定标准：用标准考量工作落实得好坏

团队的执行力不好，往往不是员工层面的问题，而是中高层的问题。具体来说，就是关于工作落实没有明确的标准，员工不知道应该把工作做到什么样子才叫完美；管理层在考核员工时，也不知道参考什么标准。在这种情况下，工作落实的质量可想而知。因此，每个企业都应该设定标准，用标准要求员工、考核员工。

第十章/ 落实标准：标准的威力在于落实到位

中层不能认为有了标准就可以了，最关键的是要求员工将标准落实到位，这样标准的约束作用、规范作用才能发挥出来。所以，标准的威力在于落实到位。落实不到位的标准，如同一纸空文，不但没有作用，反而会破坏企业的规矩，造成消极影响。

上 篇

中层就要这样抓落实

第一章

中层制胜：中层坚实，企业才会扎实

中层说：“中层就是夹心饼，两头受气”；基层说：“你们只听高层的话”；高层说：“你们是基层的代言人，就知道与高层作对”。其实，中层是承上启下的中坚力量，是连接高层与基层的桥梁，是企业制胜的关键。对上，他们是执行者；对下，他们是领导者。角色之重要性不言而喻。可以说，只有中层坚实可靠，企业才会扎实兴旺。

一、角色认知：优秀中层扮演的八大角色

中层是连接企业高层和基层员工的纽带。中层是否称职，直接关系到高层的决策能否准确地传达到基层，关系到基层的意见、建议能否及时反馈给高层，更直接关系到高层的战略决策能否执行到位。因此，中层一定要认清自己的角色，担负起自身角色所对应的职责。

接下来，我们看看优秀中层要扮演的八大角色，如图 1－1 所示。

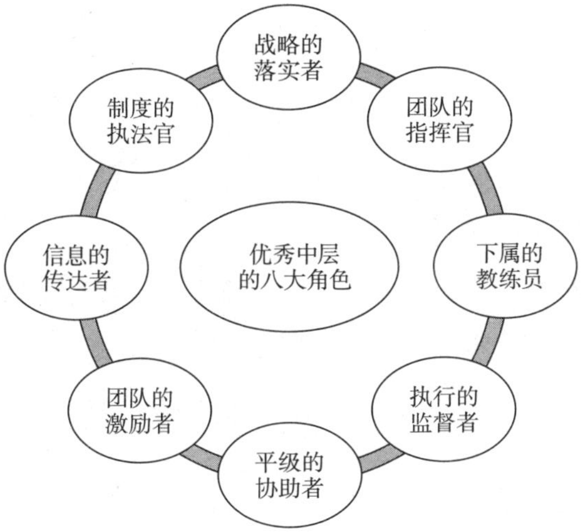

图 1－1　优秀中层扮演的八大角色

1. 战略的落实者

作为高层领导的下属，中层首先要做到的是服从上级、听从指挥。服从意味着对企业价值观的认同，意味着对高层的信任，即将决策层的思想不折不扣地传递下去，把高层的决策不折不扣地落实下去。

在落实战略决策的过程中，中层要积极与高层沟通，百分之百的沟通才可能换来百分之百的落实。沟通的内容包括工作指标、责任、权限、需要的资源和支持等。中层务必及时、准确、完整地传达上级的命令，让每一名下属都知道。作为中层，理解了上层的决策要落实，不理解上层的决策也要去落实。在落实战略决策的时候，不是量力而行，而要全力以赴。

2. 团队的指挥官

评价战略落实者好坏的标准就是看结果，列出100种解释不如拿出一个好结果。而要想确保取得满意的执行效果，中层就必须有明确的绩效指标和具体的工作计划，这样下属才知道应该把工作做成什么样子，知道怎样去做。

这就要求中层具有超强的指挥作战能力，要善于针对具体的执行任务定计划，第一步做什么，具体工作由谁来做，第二步做什么；具体工作由谁来做，然后根据下属的特点和特长，委派他们合适的工作，使大家协同一致，按部就班地去落实工作。

3. 下属的教练员

中层管理者既要扮演战略的落实者、团队的指挥官，还要当好下属的教练员。在日常工作中，中层管理者不仅要结合具体的工作，适时地指导员工，培养出像自己一样优秀的、能够独当一面的人才。同时，还要善于带队伍，为员工的成长提供良好的环境、创造优越的条件、搭建宽松的平台，使员工能够自我成长。这样的中层就叫“教练型中层”。

教练型中层是最受尊敬、最受欢迎的领导，他们往往具备以下四种优秀的特质，如图1-2所示。

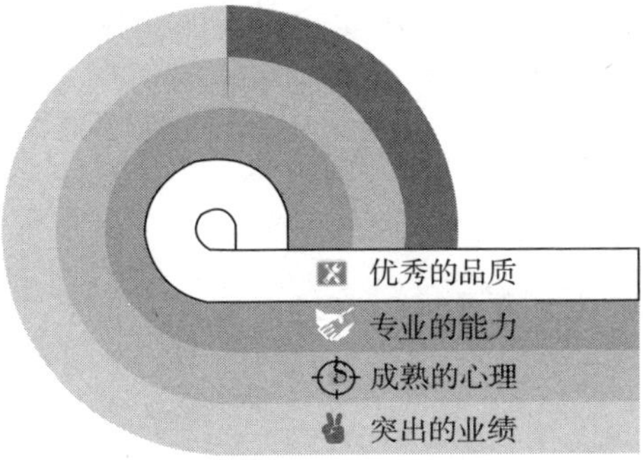

图 1－2　教练型中层的四种优秀特质

（1）优秀的品质——良好的职业道德，正确的价值观；

（2）专业的能力——具备胜任本职工作、解决工作中难题的能力；

（3）成熟的心理——遇事不慌乱，从容应对，内心强大，意志坚强；

（4）突出的业绩——有业绩，有收入，能够为企业创造巨大的价值。

要想成为优秀的教练员，需要做到以下五点：

（1）做教材——结合部门业务特点，制定培训教材；

（2）定方案——针对下属的特点，制定重点培训方案；

（3）要训练——自己或邀请他人，为下属定期做训练、示范、讲解；

（4）做辅导——针对下属的心理变化做好心理辅导；

（5）常考核——针对日常培训和月度绩效进行考核，并和员工进行绩效面谈。

4. 执行的监督者

经常听到管理者说“别跟我讲过程，我只看结果”。企业高层可以这么做，但身为企业的中层，一定要克服“只要结果，不管过程”的思想。因为中层是团队的指挥官，是战略落实的布署者，要想执行结果满意，就必须重视过程的检查和监督，当好执行的“检察官”。

为什么要检查和监督呢？这是因为人性有弱点，需要被提醒。检查和监督不是高层要求的，而是中层的本职工作。况且，好的执行结果来自于好的过程，控制好了执行的过程，才能获得好的执行结果。有了必要的检查和监督，才能确保计划得到正确实施，确保任务得到圆满落实。

当然，中层的精力有限，有些检查和监督工作不一定非要自己去做，可以授权给下属。但是在授权的时候，要定标准，让下属有检查的依据；要做任务分解，让下属知道检查哪些关键节点；要求下属做记录，还要针对检查的情况，要求被检查者进行改进。如此，检查才能带来执行力的提升，带来执行结果的完善。

5. 平级的协助者

在企业中，中层与中层之间是平等关系，相互间应该本着友好协作的原则，相互支持，相互配合，为实现企业的战略目标而努力。中层之间的配合，是公司业绩的保障，是公司成熟的标志，也是团队精神的体现。

中层之间协作需要机制，需要建立合作流程，把部门之间的业务连成一体；需要认清自己的职责，是不是有为下游部门服务的内容；需要考核，让下游部门为自己的绩效打分，请客户对自己的工作进行评价。

6. 团队的激励者

对中层来说，激励下属是一个永恒的话题。不会激励下属的中层往往会把能干的下属，变成不愿意干的下属；会激励下属的中层则能够把不会干的下属，变成能干的下属。中层的激励能力在一定程度上决定了管理的质量。

7. 信息的传达者

中层在企业里处于枢纽的位置，是信息的中转站，既要上情下达，即把高层的战略决策和思想方案传达到基层，让基层员工了然于心；也要下情上达，即把基层的工作情况、员工的意见和想法反映给高层。

8. 制度的执法官

有些管理者反映，公司的风气不好，有章不遵的现象严重。其实，这往往是因为有人违反了规章制度之后，管理层法外开恩、姑息纵容的结果。有些管理者甚至不把制度当回事，带头破坏制度。

身为中层，应该要了解公司的制度，宣传公司的制度，带头遵守公司的制度，按制度办事，严格落实。发现部门有人违反公司的规章制度后，不应该姑息，而应该公事公办，按制度的规定去处理。这样制度才会发挥影响力。

二、做好教练：指导 + 沟通 + 目标激励

身为中层，不仅要承担起战略落实的职责，还应关注下属的潜能开发，注重对下属进行指导和培训，创造各种锻炼机会，提高下属的能力，鼓励和帮助下属进步。这样的中层就是教练型中层。

所谓教练型中层，就是将下属的潜能激发出来，帮助下属达到最佳的工作状态。教练要关注下属未来的可能性，而不是关注下属过去犯的错误。在关键时候，教练型中层应该成为一个指南针，通过积极的反馈让下属发现自身的问题，引起下属的反思，指导下属改正。

教练式管理不仅仅是一种严格应用在某种特定环境下的管人方法，还是一种科学的管理方式，也是一种对待他人的方式，更是一种思维的方式。要想成为教练型中层，就要做好下属的老师、训练者、引路人以及潜能开发大师。

美国通用电气前 CEO 杰克·韦尔奇曾坦言："伟大的领导人，是最伟大的教练。"他在担任 CEO 期间，将自己一半的时间用在人才培养和人才激励上。在通用电气管理发展学院，韦尔奇亲自上阵，鼓励学员大胆表达自己的想法，哪怕"尽情地咒骂、猛烈地抨击，也丝毫没有顾忌"。在他的悉心教导下，通用电气不仅培养出一支精锐的经理人队伍，还培养了 170 多位财富排行榜前 500 强的 CEO。

优秀的教练型中层，应该做好三件事，如图 1－3 所示。

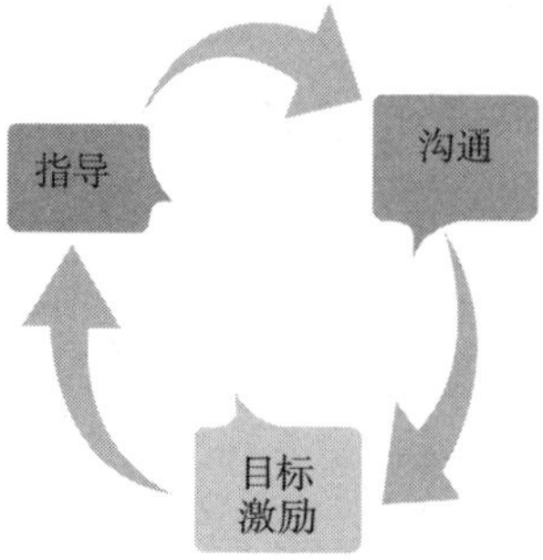

图1－3　教练型中层要做的三件事

1. 指导、训练、培养下属

做教练，自然绕不开指导、训练，向下属传授工作方法和技巧。从知识的角度来看，现代科学技术的发展导致知识更新换代速度极快，一个刚进入企业的大学生，三年以后，他在大学时所学的知识将有一半被淘汰。因此，企业内部针对员工的各种培训、指导活动至关重要。相对于理论知识的培训，中层更应该加强对下属工作能力、工作方法方面的培训。

（1）让下属去制定计划并付诸实施。

日本松下电器创始人松下幸之助认为，如果中层给下属的指标定得太过详尽，就可能使下属养成不动脑筋的依赖心理。一个命令一个动作地机械工作，不但谈不上提升工作效率，更谈不上成长为人才。因此，他在训练人才方面，特别注重引导下属反复思考、自己制定计划并付诸实施。这样可以将下属训练成独立自主、能够独当一面的人才。

（2）给下属提供锻炼能力的机会。

某公司的部门主管说，他经常会安排一些重要的会议给手下的高级助理去主持。这样不管他到会或是不到会，会议都可以正常进行。碰到其他部门主管反馈情况，他的高级助理也可以代替他处理。他认为，这对于手下的高级助理是最好的锻炼。这位部门主管的做法告诉广大中层，要信任下属，不要怕下属犯错，要多给下属提供锻炼能力的机会。

2. 沟通、互动、分析现状

管理离不开沟通，没有沟通，就没有管理。中层要想当好教练，就更不能缺少与下属的积极沟通和互动。有了沟通，才能及时将下属身上存在的问题反馈给他们，让他们发现自己的不足；有了沟通，才能清楚明白地指导下属如何去改正错误、提升能力；有了沟通，才能让下属明白具体任务的现状，明确该做什么、怎么做。

当下属提供几个方案给你时，你可以问他各个方案分别有什么优点和不足，还有没有更好的方案。在下属执行的过程中，通过适时地跟进和提问，可以实现对下属的监督。比如，你可以问下属工作进行到了哪个环节，执行中有没有碰到困难，接下来的工作重点是什么，是否能够在计划的期限内完成。通过这些提问，可以让你更好地掌控一切。

3. 设定、分解、目标激励

除了帮助下属找到工作中的问题解决方案，教练型中层的另一个重要职责是激发下属的主动性。怎样才能激发下属的主动性呢？中层只须将企业的愿景和员工的工作目标结合起来，也就是目标激励法。目标激励法一方面可以激励下属主动达成甚至超越目标，另一方面来能够创造一种环境，促使团队追求卓越并积极寻找解决问题的方法与途径。

在运用目标激励法之前，中层先要从设定目标、分解目标开始。

一目标设定。

结合企业高层设定的战略目标，中层应设定相应的部门目标。好的部门目标应遵守 SMART 原则，即具体、可衡量、一致同意、可实现的、阶段性的。目标设定之后，要对下属进行宣讲，让下属认可。

二目标分解。

把部门目标分解到个人，明确各个下属的责任，这样更有利于将团队目标落实到位，也更有利于激励个人。

三目标激励。

联想集团董事局名誉主席柳传志曾说过：“目标是最大的激励。”给员工制定看得见、摸得着的目标，可以极大地激发员工的潜能，促使他们不断地努力追求。目标激励包括成就激励、自我实现激励、前景激励。目标是一种刺激，合适的目标能诱发人的动机，进而促使达成目标。

美国哈佛大学教授理查德·波斯丁说过："在管理工作中善于为下属和工作团队树立积极的目标，将会产生巨大的激励作用。"目标可以使下属看清自己的使命，产生动力；目标可以使下属保持清醒，有助于评估进展；目标有助于下属产生信心、勇气和胆量。

当下属实现目标之后，他们的士气会受到鼓舞。相反，如果设定的目标可望不可即，下属很难实现，就会产生适得其反的作用。因此，设定的目标一定要切合实际。中层可以针对下属的实际能力，设定合适的年度、季度、月度目标，并定期检查，使下属朝着各自的目标去努力。

三、知人善用：让合适的人做合适的事

杰克·韦尔奇曾在一次全球500强经理人员大会上与同行进行了一次精彩的对话：

同行说：请您用一句话总结通用电气公司成功的重要原因。

韦尔奇说：是用人的成功。

同行说：请您用一句话来概括你最主要的工作。

韦尔奇说：把50%以上的工作时间花在选人、用人上。

同行说：请您用一句话说出自己最大的兴趣。

韦尔奇说：发现、使用、爱护和培养人才。

同行说：请您用一句话说出自己为公司所做的最有价值的一件事。

韦尔奇说：在退休前选定了自己的接班人——伊梅尔特。

同行说：请您用一句话来概括自己的领导艺术。

韦尔奇说：让合适的人做合适的工作。

哈佛商学院米尔斯教授也主张通过有效的员工招聘与面试，录用最适合企业的人才。在新员工进入企业后，中层根据员工的气质、行为风格、兴趣、特长来有针对性地开展入职培训，进而安排合适的岗位，做到量才而用。这是用人的最高境界。

让合适的人做合适的事，说起来简单，但做起来并不容易，这要求中层管理者做到以下三点：

1. 对每一个岗位的工作内容有所了解

作为中层，你对自己所在部门的各个岗位都了解吗？知道各个岗位需要什么类型的人才吗？有些中层并不了解岗位性质和要求，在选择人才的时候，唯一的标准就是能力甚至是文凭，认为只要有能力、文凭高，就能给团队带来战斗力。殊不知，如果能力与岗位不匹配，即使是天才，也难以给团队带来价值。

在这一点上，马云就犯过错误。阿里巴巴在发展过程中，曾经聘请过很多来自于世界500强大企业的优秀人才，这些“能人”在各自的岗位上“水土不服”，无法给阿里巴巴带来预期的效果。马云为此感叹道：“就好比把飞机的引擎装在了拖拉机上，最终还是飞不起来一样，我们在初期确实犯了这样的错。那些职业经理人管理水平确实很高，但是不合适。”

团队工作是一个分工与协作的过程，不同的岗位有不同的能力要求和个性要求。中层首先应该了解部门里各岗位的工作内容，再针对具体的工作内容，选择与之匹配的人才，而不是一味地追求高能力、高文凭的人才。

回到具体的工作安排上，中层管理者也要先了解工作内容，以及工作内容对应的能力要求和个性要求，再来委派工作任务。例如，临时有一个重要项目要与客户洽谈，中层就应该安排了解该项目、口才好、性格较外向的下属去落实；有一个重要文件需要紧急处理，中层就应该安排一位责任心强、能力突出的下属去落实。

2. 对部门各下属的能力、个性有所了解

想要做到知人善任，很重要的一点是“知人”，即了解人才的能力、

个性，知道各下属的优势和不足。只有这样，才能把他们安排在合适的岗位上，让他们做合适的工作，充分发挥自身的价值。在这方面，中层不妨向钢铁大王安德鲁·卡内基学习。

卡内基既没有技术背景，也没有营销才华，但他却可以缔造一个钢铁帝国。原因何在？就在于他了解手下的人才。卡内基曾说过："我不懂得钢铁，但我懂得制造钢铁的人的特性和思想，我知道怎样去为一项工作选择适当的人才。"

企业所需要的人才，有时候就像生产产品所需要的材料一样，必须十分合适。如果选择的人才不合适，就无法满足企业的生产需要，无法生产出高质量的产品。要想清楚地了解下属的能力、个性，中层可以通过以下方法来考察下属，如图 1－4 所示。

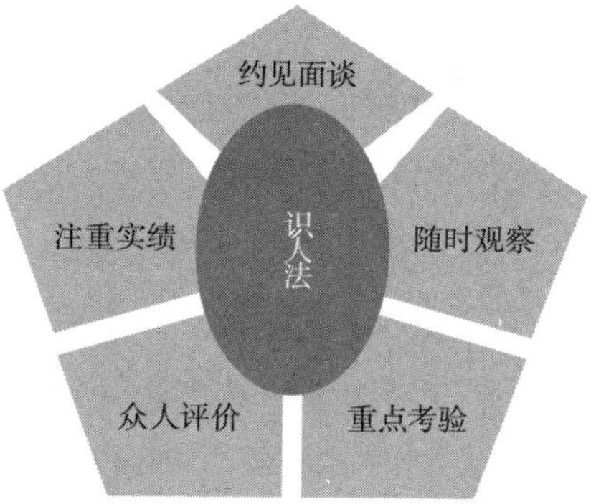

图 1－4　考察下属的五个方法

（1）约见面谈。

约见面谈有助于中层对下属产生较为直接的感受，从交谈中窥见下属的思想水平、见识深浅。对于不太熟悉的下属，中层可以与之谈论工作经历、受教育情况，了解其专长、兴趣、个性、气质以及应变能力、表达能力等。

（2）随时观察。

在日常工作中，中层可以有意识地观察、留心下属的工作表现、言谈举止，以此大致判断下属的能力、个性。还可以根据"同类相聚"的原理，通过观察下属与什么样的人结交，敬仰什么人，鄙弃什么人，等等，了解其价值取向和思想状况。

（3）重点考验。

要想彻底地了解下属，仅通过面谈和观察是不够的，还需要重点考验。比如，有意识地把下属放在某种工作环境中，观察他的表现；有目的地把某项工作交给下属去完成，检验他的执行力；授权让下属负责某项工作，考察其能力水平。

（4）众人评价。

中层要想全面地了解下属，除了自己观察了解、有意考验，还可以参考众人的意见和看法。这样可以有效地防止识人出现偏差。

（5）注重实绩。

这是知人最重要的一条原则，下属的能力怎么样，关键看他的业绩水平。学历再高，职称再多，人品再好，如果不能创造业绩，那也是徒劳。可以通过绩效考核，考察一个下属的业绩水平。

3. 选择人才要抓大放小、不拘一格

金无足赤，人无完人，优秀的下属可能也有明显的不足，在任用的时候，应该抓大放小、扬长避短、不拘一格、唯才是用。中层要记住一点，用人的目的是让合适的人做合适的事，是为了解决问题的，而不是为了寻找十全十美的人。

美国南北战争初期，北方军统帅林肯先后用过三四个将军，他们没有明显的缺点，但也没有过人的优点。尽管北方军在人力、物力上有绝对优势，但在三年多的时间里，北方军屡屡受挫。

林肯很不解，经过深入分析，他发现南方军首领罗伯特·李将军手下的每一位将领几乎都有严重的缺点，但是也各有所长。而李将军用他们，就是看重了他们的特长。再看看自己，用人都是用没有明显特点的将领。

后来，林肯改变了用人标准，开始物色能力突出的指挥官，而不计较对方的缺点，最终他力排众议，选中了格兰特。格兰特以酗酒而闻名，但林肯知道，他能够运筹帷幄，决胜千里，这才是最重要的。事实证明，林肯任用格兰特是明智的。

用人的关键在于抓大放小、不拘一格。抓大，指的是看重人才的优点和特长，看重人才解决问题的能力；放小，指的是忽视人才的缺点，以及曾经犯的错误。甚至可以说，在能力这个“大”标准面前，文凭不高、经验不足、没有职称等，都可以视为“小”缺点，可以忽略掉。

例如，有一家汽修厂的老师傅，没有文凭，也没有职称，但是有一手绝活。只要听一听汽车发动机的声音，他就能判断出汽车哪里出了毛病。他退休之后，很多修理厂都高薪聘请他担任技术顾问。

再比如，有一位业务员，一年到头来公司坐班的时间不超过三分之一，但每年还能拿大奖。很多人不服气，就找销售经理发牢骚。销售经理说：“人家有能力，一年给公司创造了50%的订单。对于这么有能耐的人，他不来公司坐班还不能忍受吗？”

四、锁定任务：别让“猴子”跳回你的背上

假如你是产品经理，你们的产品即将上线，但还有不少缺陷，你吩咐下属杰特：“把产品现有的缺陷和问题整理出来，今天下班之前发给我！”

下班前，杰特给你发了一封邮件，写道：“经理，缺陷和问题都已经整理出来了，但哪些缺陷和问题必须解决，只有你才能决定！”

你回复道：“好的，等我看完，再和你确认。”

这一刻，你也许没有意识到，有一只“猴子”已经跑到了你的背上。

什么是“猴子”？“猴子”指的是双方谈话结束后的下一步行动。“猴子”不是问题，不是项目，不是计划，也不是机会。“猴子”是解决问题、进行项目计划或落实项目的下一个行动步骤、下一个措施。

在上面的例子中，你在邮件中回复的内容，已经把自己变成了工作的具体执行者，变成了向杰特汇报进度的人，而杰特成了监督者、领导者。

如果你长时间不向杰特确认哪些缺陷和问题是必须解决的，杰特可能会问你："确认好了吗？"

事实上，中层管理者不是具体执行工作的人，而是安排、布署工作的负责人，是指挥官，是监督者。在实际工作中，中层管理者不是由职位决定的，扮演监督者那个人才是管理者。要想确定"猴子"在谁的背上，你只须分辨出谁是监督者，谁是下一个行动步骤的执行者。

经常听到一些中层管理者抱怨时间太少、工作太多，这往往是因为原本属于下属的猴子，轻而易举地跳到了他们的背上，以至于他们每天都在疲于应对，而下属却没什么事情做。中层想要避免"累到死"，就要锁定任务，锁定下一个行动步骤，让下属扮演好执行者。

1. 搞清楚谁才是"猴子"的主人

当下属来找你的时候，你应该搞清楚问题是什么，谁有问题，问题属于谁。假设你走在走廊上，遇到了下属约翰，他对你说："经理，我们即将上市的产品有问题！"当你听到这句话时，就要提高警惕了，谨防"猴子"跳到你的背上。

你可以对约翰说："你说说我们产品的问题。"在约翰说完产品的问题后，基于你对问题的认识和过往处理该类问题的经验，你可以快速地给约翰一些基本的解决方案。然后你对约翰说："好了，你自己去处理，下班之前来我办公室一趟，我要听听你的解决方案。"

好了，到目前为止，"猴子"始终还在下属约翰的背上，而没有跳到你的背上。你还是一个监督者，而约翰是具体工作的落实者。

下午两三点的时候，你路过约翰的办公室，你可以问他："嗨，约翰，上午那个问题处理得怎么样了？有没有解决问题的思路和方案？"这时你扮演的是工作跟进者、监督者的角色。下班之前，如果约翰没有出现在你的办公室，那么他就"失职"了。

如果约翰在下班之前拿了一份解决方案向你汇报，你可以这样处理："好的，约翰，针对你的方案，我提几点建议。"随后，你可以给约翰一个时间，让他去执行方案，并提醒他向你汇报执行情况。

好了，到此，“猴子”依然在约翰的背上，始终没有跳到你的背上。在整个过程中，你给了约翰工作指导、方案建议、工作监督，你做了一名中层管理者应该做的事情。

2. 不要直接帮下属解决问题

当下属向你求助时，他往往寻求的不是一个解决方案，而是一个解决问题的人。他希望你帮忙把问题解决掉，或者希望你来承担做决定的责任。而你要做的是训练你的下属，让下属扮演好任务执行者的角色。你要让下属意识到，你不会直接帮他完成下一个步骤的行动，更不会直接帮他解决问题。哪怕有些难度很大的工作，必须由你来执行，你也必须让下属和你一起去做。这对于培养下属的责任感和工作能力都是有益的。

假设下属琼斯在执行一项任务时，需要得到一位副总的放权。为此琼斯找到你，希望你向那位副总发出放权申请。他的理由是：“那位副总位高权重，我作为一个普通的员工，不便于直接和他联系。”对于这个问题，你可以这样处理：

“琼斯，我清楚公司的惯例以及那位副总职位的敏感度，我也知道你单独找他谈，可能有损他的尊严，但无论如何，你都要跟他沟通。不过，我会陪你一起去找那位副总，但汇报以及处理，依然是你的事情。”

好了，这个时候猴子还在琼斯的背上。即使是去找那位副总，你也要让琼斯背着猴子走，而不要轻易让猴子跳到你的背上。

这个例子给中层的启示是：任何时候，中层在帮助下属解决问题时，都要防止下属的问题变成中层的问题。始终牢记一句话：不要将下属的问题变成你的问题，不要将下属的工作变成你的工作。你可以协助下属解决问题，可以为下属提供解决问题的思路、方向和方法，但不要替下属工作。

五、榜样示范：让自己先成为执行的“尖兵”

二战时期，美国的巴顿将军说过一句很有名的话：“在战争中有这样一条真理：士兵什么也不是，将领却是一切……”言外之意是，士兵的精神状态和执行力取决于将领，将领所展现出来的，就是士兵学习的标杆。

有一次，在巴顿将军带兵行进的途中，汽车陷入了深泥里。巴顿将军喊道：“你们这帮混蛋赶快下车，把车推上去。”所有的人都下了车，按照命令开始推车。在大家的努力下，车终于被推了出去。当一名士兵准备抹去身上的淤泥时，他惊讶地发现身边有个人满身是泥，那个人就是巴顿将军。

当企业遭遇困境时，中层所表现出来的精神状态和执行态度，往往是整个团队精神面貌和执行态度的缩影。要想提高整个团队的执行力，我们就必须致力在企业内部建立一种“有示范的执行文化”。就像哈佛商学院教授拉姆·查兰所说：“领导培养‘执行力’的目的在于为组织提供一个良好的示范，从而使组织形成一种执行文化，进而促使各级领导的执行水平得到改善。”

从执行本身来看，中层要想提升下属的执行力，首先应该让自己成为执行的“尖兵”。俗话说：“喊破嗓子，不如做出样子。”中层在工作落实方面为下属做出表率，才能带动下属的积极性，提升下属的执行力。

在日本的企业界，人们普遍认为，若想提高企业的商业效益，管理者首先要做好带头作用，这样才能给下属积极的影响，使下属成为敬业的人。例如，日本《经济时报》曾一度陷入危机，为了重整旗鼓，新上任的正坊地隆美在执行方面以身作则，很好地带动了下属。

公司大扫除时，正坊地隆美发现地上有几个铅笔头，就把财务部长叫到身边，当着他的面将地上的铅笔头捡起来。这种做法使部下树立了勤俭节约的意识，大家看到连经理都能从细节做起去节俭，他们也就非常注意节俭了。

常言说得好，律人先律己。中层管理者以身作则，做好表率，下属才会跟随你；中层管理者先成为执行的尖兵，才会得到下属的信赖和认可；中层管理者要求下级和员工做到的事，自己率先做出表率，下属才会心服口服。

具体来说，中层要想成为执行的“尖兵”，要做到以下三点（如图1－5所示）。这三点我们可以将其理解为中层管理者执行力的三重境界。

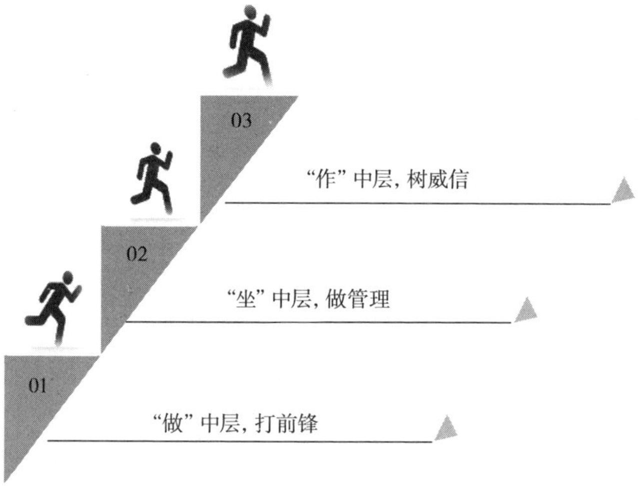

图1－5　中层管理者执行力的三重境界

1. “做”中层，打前锋

所谓“做”中层，即亲自打前锋，对于本职工作，要积极落实，比如，从设施的配备到与重要客户洽谈，这些该亲力亲为的事情，中层绝不能推脱。此种境界要求中层管理者熟练掌握本部门各项关键工作。具体来说，表现为以下三点（如图1－6所示）：

（1）率先垂范，做高层决策的落实者。

作为企业高层决策之后的执行者，中层是推进和落实决策的重要环节和有力保证，是决定企业战略成败的关键。这要求中层充分领会高层决策

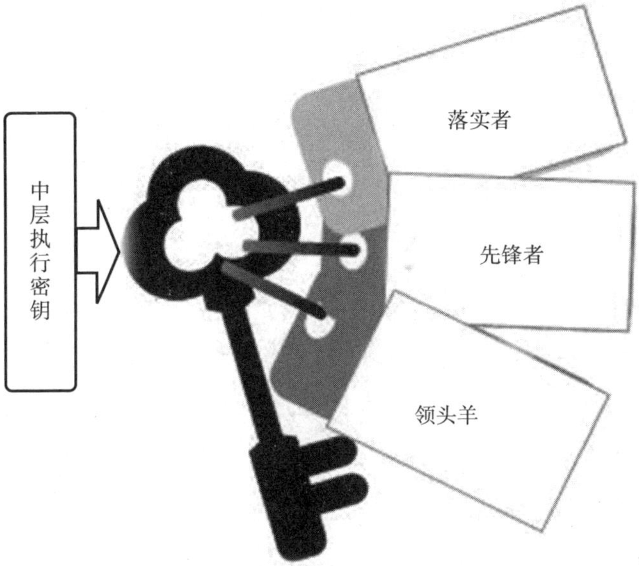

图1－6　中层执行密钥

的意图，并结合工作实际，选择最佳的实施方案，千方百计地把高层决策落到实处。

（2）以身作则，做解决问题的先锋者。

在实际工作中，遇到棘手的问题时，中层应该有知难而上的雄心壮志。在严峻的挑战面前，中层要以身作则，敢于冲锋在前，为下属做出表率。要对下属说“跟我冲”，而不是说“给我冲”。

（3）钻研业务，做精通工作的领头羊。

中层素质的高低、能力的强弱，对于企业的发展有着极其重要的影响。作为以实践为主的中层，一定要有紧迫感和危机感，在各项工作实践中不断提高业务能力，提高执行效率。

2.“坐”中层，做管理

所谓“坐”中层，即坐在中层管理者的位置上，就应该做好本职的管理工作，带好团队，激励人心。也就是说，中层不仅要自己做业务、去执行，还应该坐下来分配工作、委派任务，带领下属有条不紊地开展工作，引导员工融入团队中来。具体来说，要做到以下几点：

（1）既要严格执行高层的战略决策，又要灵活地调整局部战术，最终实现战略目标。

（2）既要履行上传下达的管理职能，又要不遗余力地宣传高层领导的战略意图、落实战略计划，激励员工去执行。

（3）既要不断细化、优化各项工作流程，又要对战略的具体实施者（即下属）进行规范化的管理。

（4）既要自己干好，又要培训、指导、培养下属，教下属正确地做事和做正确的事。不管是部门工作的专家，还是团队中的思想工作者，都要及时帮下属消除消极心态，激励下属保持积极性。

3. “作”中层，树威信

所谓“作”中层，即作为企业的中层管理者，当企业已经发展到一定的规模，业务蒸蒸日上时，这时中层的下面还会有中层，那么相对较上的中层就不需要具体地从事某项业务，而应作为该部门的精神领袖存在，放权给下面的中层，激励他们去抓落实。

比如，某企业初创时期，部门经理对待本部门的工作一把抓，当企业发展到一定阶段后，部门经理下面还有部门主管，以及相关负责人，这个时候部门经理就可以放权给部门主管和相关负责人，让他们去承担相关的执行职责，自己作为部门的精神领袖，负责把关执行的大方向。

六、和气生财：营造和谐的团队氛围

出门拜访、参观企业时，总能从各家企业的领导层与下属的互动中，感受到企业的工作氛围。有些企业的氛围比较严肃压抑，有些企业的氛围比较轻松活泼。而在那些薪资待遇差不多、工作环境差不多的企业中，有些企业人员流动率高，招聘人才难，而有些企业团队稳定，朝气蓬勃，积极向上。我们把这些统称为“企业文化”。

一家企业有怎样的工作氛围，就会有怎样的企业文化。企业团队的氛围是看不见、摸不着的东西，但却可以真切地感受到，它是在大家不断的交流和互动中逐渐形成的。和谐的团队氛围能够给人以家的感觉，使每个成员心情愉悦，并能增强团队凝聚力。

俗话说：“和气生财。”企业的进步、发展离不开和谐的团队氛围，离不开“和气”的环境。在和谐的团队氛围中，每个人都可以充分展示自己的聪明才智，团队成员之间拥有共同的价值观，并以共同的意志和行为准则行事，最终团结一致，实现企业效益的最大化。

那么，什么样的团队氛围才叫和谐？什么样的团队才叫和谐团队呢？

在某装饰公司业务部的一次会议上，学习完公司的新文件后，经理刘川照例让大家谈谈自己的想法。他对大家说：“请大家畅所欲言，有什么意见都可以说出来，说出来了我们可以一起讨论、解决。”

大部分人听后默不作声，有些人摇头表示没有问题。于是，三三两两地散会。大家不发言的次数多了，刘川也渐渐明白，会议结束后的询问只是一个程序，没有人会真的提出意见和想法。

刘川的团队有二十多人，大家每天在一个敞开的办公室工作。虽然平时交流不多，但见面会点头问好，并且从未发生过冲突。但这种团队氛围让他觉得尴尬，表面上一团和气，但实际上沉默不语的团队，真的是和谐的团队吗？

很显然，刘川的团队并不是真正意义上的和谐团队。一个和谐的团队，首先要能够让人感觉到安全，愿意分享自己的真实感受和想法。同时，团队成员能够坦诚沟通，彼此接纳，相互鼓励。其次，大家对团队目标要有较高的认可，认同工作的价值，对工作有较高的热情，最终促成高效的落实。

想要营造和谐的团队氛围，让成员之间互敬互爱、积极沟通、乐于分享，中层起着重要的作用。中层要对团队充满热情，要经常肯定、赞扬下属，对于下属工作上的失误、错误，要进行良性的开导、鼓励。中层要引导下属用正确的、高效的方法工作，使下属在工作中获得成就感，充满自信心。

具体来说，要想营造和谐的团队氛围，中层要做到以下三点：

1. 以企业目标、业务流程为导向，一视同仁地对待各工作岗位

对于团队内的各个工作岗位，中层要一视同仁地对待。各工作岗位只有职责的不同，没有重要不重要之分，大家都是业务流程中的一部分。如果你觉得哪个岗位不重要，那就没必要设置。既然设置了，就应该按职责履行效果来评判。能够做到一视同仁地对待各工作岗位，也就意味着对待各个员工一视同仁，不偏袒、不倚重某些优秀下属，不忽视其他下属。这样就容易营造人人平等的团队氛围。

2. 牢记“四个经常”，营造坦诚、平等、互信的内部沟通氛围

和谐的团队应该充满坦诚、平等、互信的沟通氛围，个体在团队里感到开心、愉悦、舒服，心理学称为“身心幸福感”。为此，管理者需要牢记“四个经常”（如图 1－7 所示），在潜移默化中营造出这种内部沟通氛围。

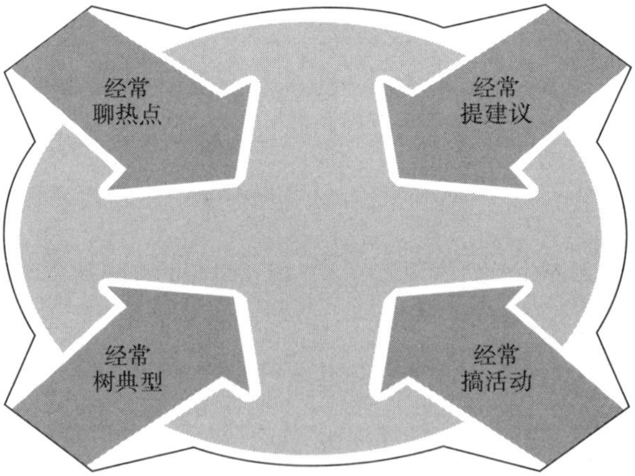

图 1－7　营造内部沟通氛围的“四个经常”

（1）经常聊热点。

当团队中出现了热点事件或热点问题时，中层可以带头发表意见，引

导大家参与讨论。在讨论中，彼此可以变得熟悉，也能对各自的性格特点与价值观、人生观有一定的了解。

（2）经常提建议。

鼓励大家参与到团队建设、团队管理等工作中来，针对团队管理中的问题，畅所欲言，提出合理化建议。这样一方面能够发现下属中的管理人才，另一方面能够让下属变得更有自信，更有参与感，更愿意增加与其他成员之间的交流。

（3）经常搞活动。

在工作之余，中层可以经常组织一些集体活动，如组织团队体育竞赛、野外拓展训练、集体聚餐等。这类活动可以充分调动大家的积极性，拉近团队成员之间的感情，促进团队成员之间的沟通。

（4）经常树典型。

对于各类评比、劳动竞赛中的优胜者，还有平时工作中表现突出的员工，中层可以将其树为典型。同时，创造机会让他面对面与大家交流，分享个人的心得体会，使大家从中受到感染，形成先进示范效应。

3. 有意识地关心团队成员的工作和生活，给下属关注和重视感

中层在工作之余可以多和团队成员拉拉家常，适度地进入下属的生活，以便及时发现下属在工作、家庭方面的困难，合力帮助其解决后顾之忧。就算不能帮助下属解决实际困难，也能让下属感受到被关注和被重视的感觉。这样可以增强下属对团队的归属感，进一步激发他们的工作积极性。

例如，哪天你发现某个下属情绪不太好，可以单独找他聊一聊，表达一下关心，了解对方是因何种原因导致心情不好。也许你不能给下属太多的帮助，但你可以像朋友、家人一样，给下属精神上的理解和支持。如果是工作上的问题，那就要多给下属指导、鼓励，激励下属保持信心。

当然，和谐的团队氛围不是靠中层一个人营造的，也不是靠某几个团队成员营造的，而要靠中层积极施加影响，创造机会带动大家齐心协力、长期坚持慢慢形成。

第二章

充分沟通:没有沟通就没有高效的落实

中层与高层相比，虽然职务不算高、权力不算大，但上情下达、下情上传等具体事务却非常多。因此，中层只有进行充分沟通，保持好与上级和下级的关系，确保信息和指令的准确传达，才能得到上下级的理解和支持，从而将工作落实到位。

一、高效的执行从有效沟通开始

沟通是指信息从发送者到接受者的传递过程。它是把团队与外部环境联系起来的重要手段，也是使团队成员团结一致、共同努力以达成目标的必要方法，还是激励下属把工作落实到位的有效工具。松下幸之助曾说过："企业管理，过去是沟通、现在是沟通、未来还是沟通。"因此，中层管理者要想带好团队、抓好落实，就必须重视沟通，掌握有效的沟通技巧。

什么样的沟通才叫有效沟通？所谓有效沟通，指的是沟通要取得对方的理解与支持，它的标志是信息接受者愿意按照信息发送者的意图采取相应的行动。要想做到有效沟通，必须满足以下几个条件（如图 2－1 所示）：

在管理实践中，当下属执行不到位时，中层往往会埋怨、批评下属。其实，下属执行不到位很多时候与中层的沟通不到位有关。试想，下属如果没搞清楚工作的要求、执行的标准、注意事项，出错的概率能不高吗？

某公司行政主管对下属说："你去买些草来，把厂区的荒地绿化一下。"

下属接到任务后，就出去了。但过了半个月，主管还没见公司的荒地种上草，就把那位下属招来，问他："上次我叫你买草把厂区的荒地绿化一下，怎么不见你行动？"

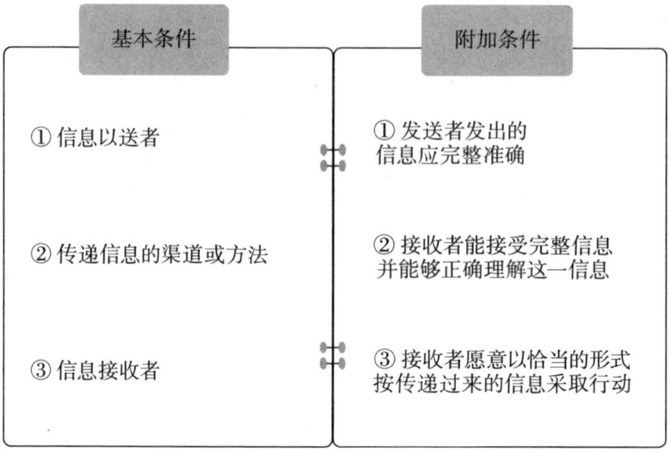

图2－1 有效沟通应满足的条件

下属说："我问过园林人员，他们说这个季节种草成本比较高，而且不容易活。再说了，你当时交代我做这件事时，没有确定多少经费，我不敢轻举妄动！"

主管不满地说："这些情况你为什么不跟我沟通？有困难和疑问可以跟我说嘛，我们可以商量啊！因为总部领导很快就要来视察了，公司经理要求把厂区绿化搞好，给总部领导留下一个好印象……"

下属一脸无奈，想说什么又忍住了。

在这个例子中，表面上看是由于下属执行不力，实际上是由于主管与下属沟通不到位造成的。主管从一开始交代任务的时候，就没有把工作说清楚——没有说明绿化厂区是为了迎接总部领导视察，也没有说明预算经费是多少，更没有说绿化哪些区域。更可怕的是，主管拖了半个月才找下属了解情况，其实他早就应该向下属追问执行进度了。当然，下属意识到任务执行有难度后，没有及时与主管沟通也是一个重要原因。

通过这个例子，我们也能充分感受到有效沟通对执行的重要性。难怪通用电气公司董事长兼首席执行官伊梅尔特那么重视沟通，他曾经谈到如何分配自己的有效工作时间时说："我差不多有30%到40%的时间用来跟人打交道，与下属沟通。"同时，伊梅尔特还要求各中层管理者重视沟通，确保与上下级有效沟通。

那么，要想确保有效沟通，保证指令清晰、任务明确，中层应该在沟通时注意什么呢？

1. 通俗表达，保证下属听清楚你的指令

下属听得懂中层的任务指令，才有可能把工作做好。在下达任务时，要说明任务的要求、执行到位的标准和完成的期限。通俗地说，就是要告诉下属做什么事情，把事情做到什么样子，什么时间内做完。把这三个要素表达清楚，是保证下属听清楚指令的前提条件。

在这里，一定要避免有要求不直接提、有标准不直接说，而是绕着弯子，说一堆无关紧要的内容。有些中层在沟通时，不能直奔主题，不清楚沟通目的，喜欢先说一堆不痛不痒的话做铺垫，其实这是没必要的。因为传递给下属的信息越多，就越容易分散下属对关键信息的注意力，就越容易干扰下属的理解。

2. 推己及人，用下属易接受的方式沟通

一把坚实的大锁挂在大门上，一把铁锤费了九牛二虎之力，还是无法把锁打开。

钥匙来了，只见它瘦小的身子往锁孔里一钻，轻轻地一转，大锁就“啪”地一声被打开了。

铁锤奇怪地问：“为什么我费了那么大的力气也打不开，你却轻而易举地打开了它呢？”

钥匙说：“因为我最懂它的心。”

身为中层管理者，你是否懂下属的心呢？你是否知道下属喜欢你以怎样的方式下达指令呢？你又是否在用下属喜欢的方式传达工作指令呢？如果你下达工作指令的方式引起了下属的反感，那么下属很可能带着消极情绪去应付，执行的效果就不能保证了。

一般来说，下属不喜欢上司用命令的口气下达指令，比如：“赶紧给我把这项工作做完，做不完不许下班！”而喜欢上司用商量的语气下达指令，比如：“这项工作比较重要，请大家抓点紧，争取在下班之前完成，好吧？”

其实，这个道理很好理解。换作我们，我们也希望上司用商量的语气给我们下达指令。所以，这要求中层推己及人，多站在下属的立场想一想他们在接到指令时的感受。当下属愉快地接受指令时，他们才可能开心地去执行。

3. 询问下属的想法，倾听下属的反馈

有些中层向下属下达指令后，就转身离开了。殊不知，下属可能没理解他的真实意图，没有理解指令的具体内容，这就为执行不到位埋下了祸根。聪明的做法是，在下达指令之后，询问下属的想法：“你有什么不明白的吗？有什么疑问吗？”然后倾听下属的反馈。通过下属的反馈，你可以确认下属到底有没有理解工作指令。如果下属没理解透彻，你可以再进行补充，直到下属清楚为止。

二、沟通目标：你到底希望下属做什么

管理的本质是通过他人来完成工作。要做到这一点，中层管理者就需要激活下属，让下属行动起来，围绕具体的目标开展工作。在这个过程中，沟通是必不可少的。没有沟通，双方就无法在关键环节达成共识，就会导致中层想的是一回事，下属做的是另一回事。而要想双方在沟通中达成共识，中层就必须有一个非常明确的沟通目标——你到底希望下属做什么。

在实际管理中，很多中层并没有明确的沟通目标。他们通常的做法是：当需要安排工作时，就把员工叫过来，简单地介绍一下工作任务：“小张，10 号之前公司要开市场分析会议，你这几天辛苦一下，写一个市场分析报告。记住，一定要抓紧时间啊！”这么简单的几句话，就把工作

任务布置下去了。

如果你是小张，你知道上司让你做什么事吗？也许你听懂了，心想：不就是写个市场报告嘛，肯定是总结一下市场工作，提些建议，交给上司就完事了。但是，也许上司不是这么想的，他认为你应该先做个市场调研，了解一下目标客户的需求，测算一下公司产品的市场份额，针对客户提出有价值的产品改进方案。一旦上司存在这种可能性的想法，那么下属的执行就可能出现偏差。

事实上，类似的错误很多中层管理者还在犯。这个错误用一句话总结就是：他们没有说清楚到底希望下属做什么。所以，下属往往稀里糊涂，只是大概认为上司要他们做什么，然后就想当然地去执行了，结果可想而知。所以，请中层在沟通时牢记以下几点，如图 2－2 所示。

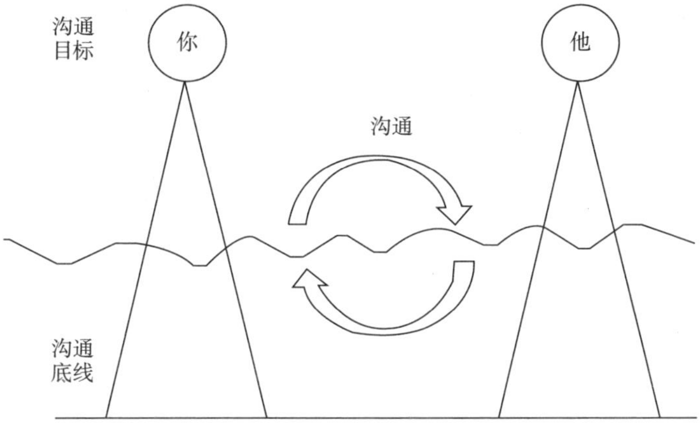

图 2－2　达到沟通目的的四个要素

1. 认清自己的沟通目标

在沟通中，中层一定要认清自己的目标。不管是给下属下达任务，还是与上司针对某项工作做沟通，都要对自己的目标有一个清晰具体的盘点。在沟通之前，你要想清楚：我和他要沟通什么事情？想达到什么目的？我希望下属做什么、怎样做、做到何种效果？

和下属沟通是为了提醒下属不要再犯错误，还是想指导下属用正确的方式去执行？和上司沟通是为了说服他接受我的方案提议，还是想争取更多的资源支持？当你把这些问题想清楚了，那么在沟通中就不会漏掉关键信息了。而且在沟通中，你还可以进行有效的布局，掌握沟通的进程，以便顺利达到自己的目的。

2. 认清自己的沟通底线

认清自己的沟通目标很重要，认清自己的沟通底线也同样重要。所谓沟通底线，指的是当你给下属安排工作时，你能接受的最低条件是什么。或者说当上司给你布置任务时，你能接受的最低限度是什么，又或者当双方出现意见分歧时，你能接受的最低限度是什么。一旦超出了这个最低条件或最低限度，就没有了沟通的余地。

比如，你希望下属在三天之内把某项工作完成，而下属却提出了诸多困难，表示至少要五天才能完成。试问，你能接受这个完成期限吗？再比如，上司让你负责一项产品的运营推广活动，但活动经费只有5000元。试问，你能接受这个条件吗？

如果你在沟通之前，没有明确自己的底线，那么在沟通时，当下属或上司提出不同的意见时，你预设的沟通内容、沟通计划和工作布署就会被打乱，从而让你陷入被动局面。这显然不利于你顺利达成沟通目标。所以，认清自己的底线很重要。只有认清了自己的底线，沟通起来才会更有把握。即使沟通出现了差异，你也有应对之策。

3. 认清对方的沟通目标

在沟通中，除了要认清自己的沟通目标，中层还要认清对方的沟通目标。正确认识对方的资源权限、思想状态、能力现状、绩效表现，对于沟通的进程至关重要。比如，在与下属沟通之前，你要大概了解下属对于工作任务的感受。下属怎么看待这个工作任务？他对这项工作的理解是什么样的？是否乐意接受这项工作任务？是否能够认识到这项任务的重要性？

再比如，在与上司沟通之前，你要大概预测一下上司对于你的沟通内容的态度。上司会接受我的方案提议吗？他对我的提议可能会提出什么意见？我提出的经费申请，上司会批准吗？如果他不批准，我该怎么说服他？又该怎样调整经费申请数目？

这就是认清对方的沟通目标。在沟通之前，如果中层把这些问题想清楚了，在头脑中把这些问题像过电影一样预演一遍，就可以很好地避免沟通时出现偏差，或在沟通偏离方向时，适时地调整，顺利达成自己的沟通目的。

4. 认清对方的沟通底线

除了认清自己的底线，还要认清对方的沟通底线。对于一项工作任务的安排，下属能接受的程度是什么样的？下属会以资源不够为理由，拒绝接受你的工作安排吗？或要求你给他更多的资源支持吗？同样，在与上司沟通时，在向上司争取资源支持时，你要认清上司的权限和可调动的资源有多少。切勿狮子大开口，提出超出对方底线的要求，以免沟通陷入难堪的境地。

最后要指出的是：当中层考虑清楚了自己的沟通目标和沟通底线，也考虑清楚了对方的沟通目标和沟通底线之后，就能进行有效的沟通和互动，从而把沟通的内容、沟通的进程控制在预设的目标范围内，推动沟通深入进行，顺利达到自己的沟通目的，为后续的执行做好准备。

三、沟通原则：优秀中层从沟通做起

中层管理者经常会有这样的苦恼：为什么常常好心办坏事、沟通有障碍、彼此有冲突、团队有隔阂？为什么常常下属不理解、上级不支持、同事不配合、客户不认同？为什么常常执行不到位、信息不清楚、气氛不和谐、士气不高涨？

其实，这与中层的沟通力有关，与中层是否掌握了有效沟通的原则有关。只有当你所用的语言和方式能让对方理解时，沟通才是有效的。接下来，我们看看中层要掌握的几个沟通原则，如图 2 – 3 所示。

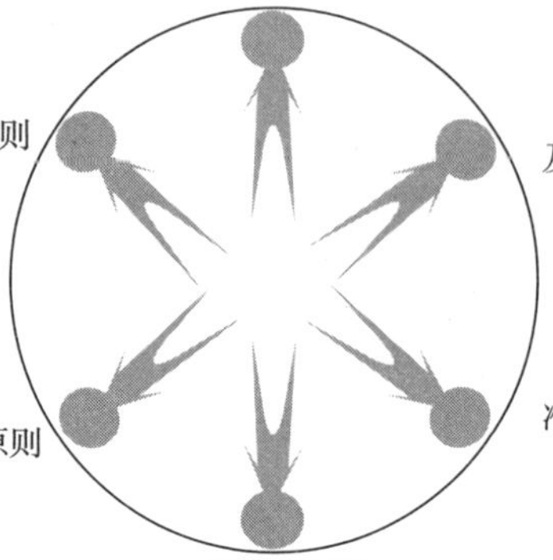

图 2－3　中层有效沟通的六大原则

1. 逐级性原则

中层在沟通时，跳过直接上司，与职位更高的上司沟通，或跳过直接下级，与下级的下级沟通，这是沟通的大忌。明智的做法是，遵循逐级沟通的原则，有问题先找直接上级或直接下级，避免架空你的直接上下级，造成信任危机和关系隔阂。

以向下沟通为例，销售经理下面还有销售主管，销售主管下面还有业务员，如果销售经理绕过销售主管，直接与业务员沟通，或对业务员发号施令，可能会引起许多不良后果。如果确实要这么做，销售经理也应该事先与销售主管沟通。只有在万不得已的情况下，才可以越级沟通。

2. 及时性原则

信息的传递贵在及时，不论是向上提供信息，还是向下传递信息，或是横向与平级部门沟通，中层都应该遵循及时性原则，确保一线信息能够快速传达给沟通对象，便于上级及时做出应对之策、下级快速有效地落实。在实际工作中，因沟通不及时而导致上级决策延误，最终给企业造成严重经济损失的例子数不胜数。

孙先生是某公司的销售主管，在与一位老客户交涉的过程中，对方签了订货协议，同时也对产品提出了改进建议。可是，由于孙先生一时疏忽，没有及时将客户的意见反馈给研发部，导致生产部按照原来的产品样本进行生产。结果，客户拒绝收货，造成公司产品大量积压。更严重的是，客户还因不满而拒绝再次合作。

如果孙先生遵循了沟通的及时性原则，接到客户的改进建议后，立即与公司研发部主管沟通，让其根据客户意见改进产品设计，再交由生产部生产，那么，就不会出现那么多后续问题。

3. 准确性原则

在沟通中，只有当你用词准确，才能清楚地表达观点、准确地传达信息，对方才能明白你的意思。因此，准确性原则是沟通的基本条件，沟通不准确，等于没沟通。要想遵循沟通的准确性原则，需要中层具备较强的语言表达能力，还要善用接收者习惯的方式去沟通。比如，有些接收者喜欢面对面沟通，有些接收者喜欢用 QQ 聊天的方式沟通。

4. 简洁性原则

在管理中，沟通的简洁性原则有两层含义，一层含义是沟通要具体，要有话直说，简单明了，不要绕圈子，不要啰里啰嗦。一两句话能说清楚的意思，不要说三句四句；一遍能说清楚的问题，不要说两遍三遍；一两分钟就能说明白的问题，不要闲聊一个小时。这样可以降低沟通的时间成本，提升沟通的效率。

另一层含义是要采用简短的渠道或路径去沟通。如果能直接找到当事人沟通，就不要找第三者、第四者去转告、转述。如果能面对面把问题说清楚，就没必要用邮件去沟通。这样可以提高信息的传输速度，减少沟通的中间环节，降低信息失真的可能性。

5. 针对性原则

沟通的针对性原则指的是，所有的沟通都要针对具体的问题，要就事论事，而不能漫无目的地泛泛而谈。无论是日常口头上交涉工作，还是部门召开会议，都要围绕一个明确的主题去沟通。为了让沟通变得更有针对性，我们可以用这样的模式开启沟通：“针对××问题，我想和你沟通一下！”

比如，“针对产品改进问题，我想和你沟通一下”“针对生产计划的问题，我想和你沟通一下”“针对上期任务执行不到位的问题，我想和你沟通一下”。这样一来，沟通的主题是不是就非常明确了呢？

6. 开放性原则

沟通的开放性原则指的是在与团队成员沟通时，要尽量当着大家的面，全面公开，不遮掩，不回避。而不能对某些下属公开，而对另一些下属不公开。只有所有的下属都得到了尊重，大家才不会觉得不公，才不会心生隔阂和猜忌。这对维护和谐的团队氛围十分重要。

当然，沟通的开放性原则并不是绝对的，而要看具体的沟通内容。如果沟通内容不需要保密，就应该遵循开放性原则；如果沟通内容应该保密，则应该有针对性地回避。比如，关起门来同相关的对象沟通，或通过QQ 聊天、电子邮件的方式，进行较为隐秘的沟通。

四、向上沟通：请示 + 汇报 + 报告 + 担责

向上沟通也叫向上管理，目的是让上司明白你在做什么，为什么这样做，进度怎么样，遇到了什么问题，并让上司认识到你工作的价值和重要性，从而理解你、支持你。在向上管理的过程中，中层与上司沟通就叫向上沟通。向上沟通是一门重要的艺术，它包含四种常见的沟通方式，如图 2 –4 所示。

1. 请示

请示就是带着想法、建议和方案请示上级，以便得到上级的决策指示，从而确定决策的方向。请示时，需要注意三个事项：

（1）不可不请示，不可乱请示。

中层在高层的领导下落实具体的工作，必然要向上司请示。但请示须讲究原则，不要盲目请示，有请示价值的问题才请示，过于细小的问题应

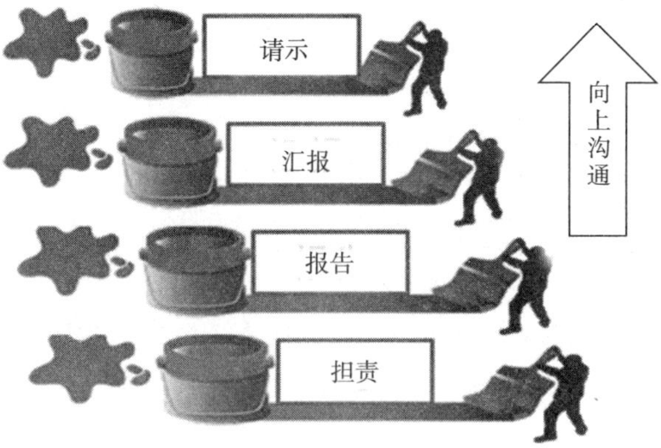

图 2 –4　向上沟通的四种方式

该自己做决断。

某企业总经理经过走廊，部门经理拦住他，汇报了本部门工作中遇到的问题，请示总经理该如何解决。总经理听完汇报，有些不高兴地提醒部门经理："怎么解决这些事情，由你来决断！你自己看着办！还有，以后这样的小事不用向我请示，我相信你可以解决好！"

这位总经理的处理方式是明智的，他明确指出：小事不用向他请示，而要下属自己做决断，并相信下属能解决好，从而避免了下属背上的猴子跳到自己的背上。这也告诉中层，请示要分大小事，大事要请示上司，小事自己做决断。

（2）只出选择题，不要提问题。

请示最忌讳的是只提问题，没有想法和方案。只有一个方案不行，还必须多拿出几套方案，让上级去做多选题。而且应该尽量把每一种答案、每一种方法的优点和缺点分析清楚，以及可能出现的后果罗列出来，供上司参考和决策。

作为中层，面对本部门的问题时，要问自己：为什么会这样？该如何解决？然后提出解决问题的几套方案，带着方案向上司请示，让上司做选择题而不是问答题。这既有利于上司快速做出决策，又有利于下属快速落实，更有利于中层提高管理水平。

2. 汇报

汇报就是适时向上级汇报工作进展，以及执行过程中遇到的困难和有可能失去控制的事项。汇报一定要主动，而不能让上司提醒你、催你。在实际管理中，有些中层有问题不向上汇报，以为自己可以暗中搞定。结果问题兜不住了，再向上汇报，这时可能已经错过了补救的最佳时机。

以落实任务为例，上司下达任务后，作为下属要去执行。执行过程可能一帆风顺，也可能会碰到困难，出现差错，不论过程好与坏，都应主动向上司汇报情况，让上司了解工作的进展，把控执行的方向，从而掌控全局。

执行顺利时，向上司汇报，可以让上司放心；执行遇到困难时，向上司汇报，可以得到上司支持和帮助；执行出了差错时，向上司汇报，可以避免执行出现更大的偏差；在关键节点向上司汇报，积极听取上司的建议，便于更好地进行下一步的工作落实。

作为中层，积极向上级汇报工作，对工作的开展只有好处。不仅如此，上司还会因为你主动汇报工作对你更加信任、欣赏你。

3. 报告

任务完成之后，向上级介绍任务完成的情况是否与预期目标一致，这就是我们常说的工作报告。在做工作报告时，很多中层会出现以下问题（如图 2－5 所示），导致工作做得好，上司听了却不满意。

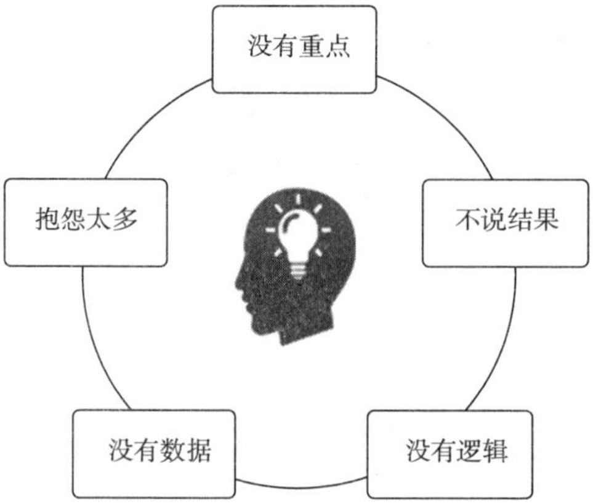

图 2－5　工作报告常见的问题

（1）没有重点。

有些中层在做工作报告时会谈很多感想，大事小事讲了一堆，却让上司听后越发糊涂。因为报告内容没有重点，或者说重点不突出，被淹没在非重点信息之中。

（2）不说结果。

从一开始就讲了很多过程，却不说结果如何，取得了怎样的成绩，让听者很着急。

（3）没有逻辑。

一股脑地讲了很多，没有层次，上司听后不知道你讲了什么。

（4）没有数据。

做了多少，取得了怎样的成绩，没有明确的数字，难以说服人。

（5）抱怨太多。

谈了很多问题、困难，还有执行不到位的借口，好像都是别人的错，不是自己的错。

以上五点是很多中层在做工作报告时普遍存在的问题。想避免类似问题，在做工作报告时，应做到：开门见山说结果，简明扼要讲重点，一二三点有逻辑，说明成绩用数字，坦诚担责不抱怨。这样的工作报告才能展示你的能力，表达你的态度，给上司以希望，赢得上司的赏识。

4. 担责

能成大器者，都是能承担责任、肯承担责任，又能担得起责任的人。而不是经常抱怨客观原因、抱怨他人、推卸责任的人。因此，对于执行不到位的地方，中层应主动向上级坦白错误，检讨自我，并承担相应的责任。

五、平级沟通：信任 + 支持 + 配合

平级沟通又叫横向沟通，指的是职位处于同一层次或层次相当的中层之间的一种横向信息交流。它具有直接性、经常性的特点，在一些问题上如果沟通得当，平级之间可以实现合作互补，增加企业的向心力和凝聚力，推动工作的落实。反之，则很容易产生矛盾、分歧、隔阂，造成企业内耗。

“预算你再不给我核算出来，这三百万的单子丢了你负责！”销售主管陈飞对财务主管刘琴大声吼道。

“单子你应该一周前给我，你昨天才给我，叫我怎么给你核算？你还对我吼，吼什么呀？”财务主管刘琴更是不服气。

两人吵得越来越凶，其他同事貌似对他们的争吵司空见惯了，都一声不吭地闷头做自己的事。

最后，还是总经理过来劝架，把他们拉到办公室里，各自夸赞一番，又各打五十大板，才把这场争吵平息下来。但他们内心的疙瘩并未解开，这矛盾不知何时还会再次爆发。

作为中层，对于这种现象你或许也见惯了。中层之间沟通不畅，缺乏信任和理解，缺少支持与配合，部门始终无法拧成一股绳。厚重的“部门墙”把大家隔离开来，使大家各自为政，工作氛围糟糕，企业文化建设一团糟，部门之间的内耗和博弈成为公司发展的绊脚石，大大增加了管理的成本。

为什么平级之间的沟通容易出问题？有人说是因为部门之间存在利益关系，各中层才会一心维护本部门的利益，甚至不惜推卸责任。但我认为，平级之间的沟通容易出问题，更深层的原因是各中层相互之间谁也不服谁，彼此缺少起码的尊重。

回到上面的例子中，销售主管陈飞对财务主管刘琴大声吼叫，语气很强硬，态度很恶劣。换作任何一个部门负责人听了这样的话，都会不高兴，内心都会抵触。他们会想：你凭什么对我呼来喝去？你又不是我的上级，你要求我配合你的工作，也该拿出友好的态度吧？假设陈飞态度好一点，客观地说明工作的重要性，再拜托一下财务部主管帮帮忙，也许结果就完全不同了。

所以，在与平级沟通时，中层需要掌握方式和技巧，言语中要表现出信任、支持和配合的态度和姿态。具体来说，平级沟通要遵循以下原则，如图 2 -6 所示。

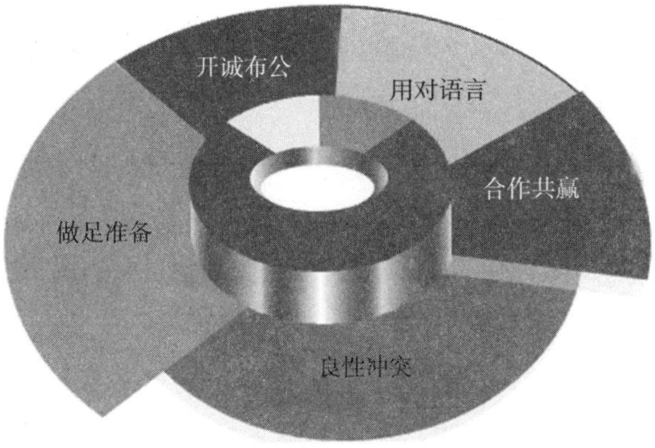

图 2 -6　平级沟通要遵循的五个原则

1. 做足准备

当你准备与平级部门的负责人沟通工作时，你最好先把基本问题想清楚，不要打无准备之仗，否则，你很难达到沟通目的。

（1）你想和对方沟通什么问题？

（2）你希望对方怎么做？

（3）对方会配合你吗？你要拿出说服他的理由，或让他从中得到好处。

（4）你认为他可能提出什么要求或找出什么理由拒绝？

（5）如果对方拒绝你，你怎样继续说服他？你有其他方案吗？

（6）如果你们未达成共识，你会有什么麻烦？对方又会有什么麻烦？

当你把这些问题在脑海里过一遍，或在纸上简单列一个沟通大纲，心里有没有底，你就清楚了。

2. 开诚布公

平级沟通要相互信任、开诚布公，切勿带着猜忌之心去沟通，更不能耍小聪明，欺骗对方。否则，会破坏你们之间的关系，还会给对方留下不好的印象，让对方在今后与你的交往中产生防备之心。一旦别人对你产生了防备之心，再和他沟通就会困难重重，因为对方不信任你了。为此，中层应该做到：

（1）开门见山地说明沟通主题，不绕弯子，不作过多铺垫。

（2）语气平和、态度友善、面带微笑、用词谦虚、表情低调。

（3）若是请求对方帮忙或配合，说出你的要求，表达你的诚意。若是提醒对方的不良做法，用词要委婉，点到即止，对事不对人。

（4）在对方说话时不要打断，不要反驳，更不要争辩，而要耐心地倾听，适时回应。

3. 用对语言

企业中的各部门都有各自的职责，财务部往往关心“省钱”，研发部往往关心“实用”，生产部往往关心“效率”，销售部往往关心“业绩”。在与各个部门沟通时，要用对关键词，确保沟通说到对方心坎里，这样对方才有兴趣聊下去。

（1）与财务部沟通时，你可以强调“省钱”。例如，“我的项目将来能为公司节省成本，你赶快支持我的项目吧，同意我的经费申请吧，公司支付经费是暂时的”。

（2）与研发部沟通时，你可以强调“实用”。研发设计出来的产品，终归是为了方便用户，因此，越实用的产品越有市场。如果你能让研发部设计的产品变得实用，那研发部主管会非常欢迎你去沟通。

（3）与生产部沟通时，你可以强调“效率”。例如，“我的这个方案能大大提高你们生产部的工作效率，让你们轻松出成绩”。

（4）与销售部沟通时，你可以强调“业绩”。例如，“我的项目有利于推广公司的知名度，扩大公司的顾客群，提高产品销售额”。

在实际管理过程中，中层要不断摸索，找出各部门负责人最关心的“东西”，在与之沟通时，有意识地凸显对方想要的东西，这样能极大地提高沟通效率，增加对方支持和配合的程度。

4. 合作共赢

虽然各部门之间存在一定的竞争关系，但从根本上说，大家属于一个大家庭，根本利益是相通的。因此，合作共赢才是各部门之间的主流。

在与平级沟通时，如果你想向对方提出建设性的意见，一定要强调彼此的合作关系，淡化彼此的竞争关系。而合作的关键在于你们有一个的共同目标，因此，尽量去创造一个跨部门合作的共同目标，然后说服对方部门加入进来。为此，你需要弄清楚四个问题：

（1）双方的共同目标是什么——越明确越好，越简单越好。

（2）阻碍双方合作的因素有哪些——列出来，逐一向对方解释：这不是问题。

（3）创造共同目标需要什么资源——思考是否具备合作的资源和条件。

（4）合作对你们来说各有什么好处——弄清楚合作的价值。

5. 良性冲突

在与平级沟通时，各中层为了维护本部门的利益，难免会产生一些小摩擦。有些中层，尤其是新上任的中层，害怕把关系弄僵，往往表现得很软弱，一味地妥协，以维持表面上的和谐，其实这样做是不对的。

《有效沟通》一书的作者、美国斯坦福大学策略及组织学教授艾林哈特说：“如果管理团队在议题的讨论上都没有冲突，决策质量就会低落。”艾林哈特提醒管理者，千万别认为“没有冲突”就是“意见一致”。

有时候，部门之间太和谐反而不好，因为大家没有真正达成共识，解决问题。因此，艾林哈特建议管理者：跨部门沟通时，态度要柔和，但立场要坚定，别太快或太轻易就顺从认命。要记住，你也是部门主管，你也要捍卫本部门的权益。

六、向下沟通：具体指示 + 耐心倾听 + 正确提问

下达任务是中层向下沟通的重要内容，也是中层带领团队有效执行任务的重要手段。但下达任务也是中层容易忽略的问题，甚至是阻碍中层成长、弱化中层影响力的桎梏。

在电影《杜拉拉升职记》中，有这样一个情节，上司安排杜拉拉完成两项工作：

第一，撰写年度优秀员工评选文案；

第二，为评选出的年度优秀员工准备礼品。

杜拉拉听了之后，满口答道："没问题！"然后，很快就写出了文案，并策划采用笔、本之类的办公用品作为获奖礼品。当上司看到这个文案和礼品策划时，非常不满地说："这个评选文案很像感谢信，没有体现公司的企业文化，并且作为全球五百强企业，员工对于优秀员工评选具有很高的期望，这样的礼品和要求差距太远……"

杜拉拉听后，马上表示歉意："对不起，我没有问清楚！"

在这个案例中，杜拉拉到底有没有错呢？真的是她没问清楚，才导致执行不到位吗？我认为错不在于她，而是她的上司在布置工作任务时，没有对工作结果提出具体的要求，没有说明策划的文案和礼品要符合公司的企业文化。所以，杜拉拉才没有考虑到这一点，导致执行令上司不满意。

通过这个例子，我们可以发现：如果管理者在向下沟通时，没有说明工作任务的具体要求，没有询问下属是否存在疑问，便会导致沟通不畅，

最后影响执行的效果。因此，中层一定要重视向下沟通，准确地向下属传递工作指令。为此，中层要做到以下三点，如图2－7所示。

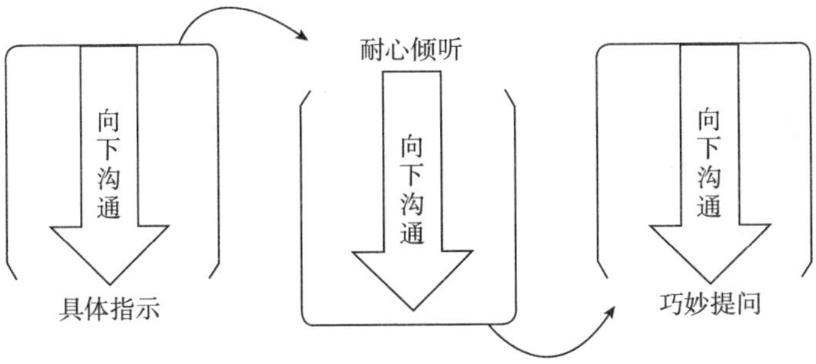

图2－7　向下沟通的三个要点

1. 具体指示

有些中层在下达任务时，没有跟下属说清楚到底要做什么，做到什么标准，什么时候做完。由于领导的权威，下属尽管没明白具体的工作指令，也不敢去问，没办法，只好想当然地执行，导致无法把工作落实到位。

针对这个问题，中层在下达任务时应该注意以下四点：

（1）明确任务的具体要求。

当中层想要做一件事或接到上级的一个任务需要交给下属执行时，首先要想清楚这件事的要求是什么，什么时间完成，要做到什么样子才算到位。

（2）明确能够胜任的下属。

根据下属的能力不同和任务的难易程度不同，在下达任务时要选对人，把任务交给能胜任的人去办，才能确保执行到位。

（3）下达任务要简洁明确。

把工作任务的具体要求、需要办到什么程度、完成的期限等清楚明白地告诉下属。

（4）特别指示和善意提醒。

针对有些重要的或棘手的任务，中层可以在下达任务之后，给下属特别的指示，提醒下属在执行时注意什么问题，避免犯错。

2. 耐心倾听

在下达任务并做出具体指示后，为了避免下属理解有误，你最好做到以下三点：

（1）要求下属复述你下达的工作任务。

为什么要求下属复述工作任务？这是因为在信息传输过程中，信息发送者发出的信息，不一定能完全被信息接收者理解。不被理解，就意味着会产生误会、误差，就会影响后续的执行效果。

假如下属不能正确地复述你的意思，那说明下属没有正确理解。除非下属的表达能力很糟糕，明明听懂了管理者的意思，但就是表达不出来。对于这种情况，你可以帮下属复述，解释下属的意思，问他："你是这个意思吗？"以此明白下属是否真的听懂了。

在下属复述的时候，要让下属概括地讲述一下工作任务的主要内容，包括：

①这项工作具体要求做什么？

②这项工作什么时候完成？

③这项工作要做到什么效果？

④想要做好这项工作，需要和相关的哪些人打交道？

接着，还应让下属复述"完成这项工作需要特别注意什么"，比如，一些工作细节、禁忌等。如果下属能够清晰地复述出这些内容，那么管理者就可以放心地让下属去执行了。

（2）鼓励下属针对工作任务提出疑问。

作为中层管理者，也许你早就意识到，有些下属在与上司沟通时，往往碍于面子，遇到不理解的地方时，由于害怕上司责怪他"脑子笨""理解力差"，或责怪他"没认真听"，而不好意思讲出来，于是不懂装懂，想当然地理解上司的意图。结果，导致执行跑偏。

要想避免这种情况发生，你在与下属沟通时，一定要鼓励下属提出质疑，你可以问下属："你明白我的意思了吗？如果有不理解的地方，你尽管提出来，没有关系的，我们可以进一步沟通。”通过这样的鼓励，可以消除下属提问的心理负担，便于上下级流畅地沟通，把工作交接清楚。

（3）耐心地倾听下属的复述和疑问。

在下属复述工作任务或针对工作任务提出疑问时，你要认真地倾听，并适时做出回应。比如，“我明白你对更改时间表有点担心（表示了解对方担忧的心情），因为这涉及超时工作（明白对方说话的内容，知道他担忧的原因）。”“这样你可以比预期早两天实施这项计划（细心聆听对方说话的内容）。我想你一定会很高兴这么快就获得批准（表示分享对方快乐的感觉）。”

3. 巧妙提问

心理学家认为，每个人的内心都有很多答案，只是大家不知道而已。作为中层管理者，应该充分发挥教练式领导的作用，当下属在接受工作任务后表现出畏难心理，表示无从下手时，你不用急着告诉他们方法，而要多加引导，巧妙提问，激发他们去思考，拿出可操作性的执行方案。

正确的提问可以启发下属、引导下属、促进下属积极思考。比如，“你认为落实这项工作的关键点在哪里？”“你打算从什么地方着手落实这项工作？”“你认为落实这项工作需要哪些部门的协助？”“你觉得多长时间能完成这项工作？”通过这些问题，可以有效地促进下属思考，让下属对执行更有把握。

另外，为了让下属积极地接受任务，中层在下达任务时，最好做到态度和蔼，用词礼貌，用商量的口气说话，而不是命令的口气，让下属感到充分的尊重。如“小张，麻烦你帮我把这份文件复印一下”。

七、沟通机制：建立完善的内部沟通机制

蒙牛集团总裁牛根生曾经说过：“98%的矛盾都来自于误解。”而98%

的误解是因为沟通不畅。可以说，沟通不畅是企业管理中最头疼的问题之一。当前国内很多企业在沟通方面存在诸多问题，总结起来主要分为三个方面：

（1）企业内部缺少畅通的沟通渠道供员工顺利落实工作

员工落实一项工作需要达到什么样的标准？需要承担什么样的责任？工作中遇到了困难向谁请示、找谁沟通？工作完成之后向谁汇报？谁负责审核？这些问题令很多企业员工感到困惑。由于企业内部缺少畅通的沟通渠道，员工出了问题很难及时与对的人沟通，这对执行效率会造成很大的影响。

（2）信息反馈机制不健全，管理者无法及时掌握执行进度。

国内很多企业普遍缺少信息反馈机制，管理者发布某项决策之后，无法及时掌握员工的执行情况和工作进度，这样就影响管理者适时发现问题，不利于管理者协助员工、帮助员工调整执行方向，对企业战略决策的落实是极为不利的。

（3）信息在传递过程中出现扭曲，给企业利益造成损失。

在很多企业中，信息的传递都要经过很多层级，尤其是在一些规模较大的企业中。这种信息传递方式的弊端在于，信息传递过程中会逐渐流失、甚至扭曲。例如，某房地产企业的高层在解读房产新政策后，决定采取观望态度，各部门可以掌握一个调价的尺度。但是当信息逐层往下传递，传到门店时已经变成“自行掌握调价幅度”。很明显，信息在传递过程中，关键要素被扭曲了，这会直接对企业造成损失。

可以毫不夸张地说，沟通就是企业的命脉，关系到企业的执行力。因此，企业有必要建立完善的内部沟通机制，为高效的落实保驾护航。在这方面，我们不妨借鉴摩托罗拉公司的做法。

摩托罗拉公司是财富世界五百强企业之一，是全球芯片制造、电子通讯的领导者。2017 年，其营业额高达 428 亿美元。摩托罗拉之所以如此成功，与他们内部良好的沟通机制是分不开的。公司规定，所有管理者必须敞开办公室的门，任何职位的员工在任何时候都可以去找他想找的上级，完全不必避讳跨级别沟通。

摩托罗拉还规定，在每个季度的第一个月，从1日至21日，管理者要与下属和自己的上级进行一次对话，回答诸如“你在过去3个月里，是否受到了尊重”等六个问题。

另外，摩托罗拉的员工可以通过管理层为他们准备的11种表达意见的途径，向公司反馈自己的想法和建议。比如，通过书面形式提出对公司的意见和建议；匿名对公司的问题进行评价和投诉；参加公司每周四的座谈会，当面向管理层提出问题，大部分问题可以得到当场答复；如果员工遇到的问题通过以上几种沟通途径依然没有得到解答，可以直接给区域人力资源总经理写信。

从案例中的几种沟通渠道来看，摩托罗拉公司十分重视公司内部沟通机制的建设。有了完善的沟通机制，企业内部沟通就有了制度保障，沟通就会顺畅许多。那么，企业应该建立怎样的沟通机制，哪些问题是需要特别注意的呢？

1. 设立点对点的沟通渠道，减少沟通的层级

建立有效的沟通机制，最有效的方式是设立点对点的沟通渠道，这样可以减少沟通的层级，避免信息传递过程中的失真、扭曲，从而很好地避免误解。企业应设置相关的点对点沟通制度，就像摩托罗拉那样，制度规定：任何人都可以直接找到他想与之沟通的管理者。这样不仅能提高沟通效率，还能间接地对各级管理层起到监督、威慑作用。

在通用电气公司里，杰克·韦尔奇曾专门设立了一个电话专线，留给销售员向他反馈市场情况。每当销售员签下了一单生意，或发现了市场珍贵的信息，都会打电话给杰克·韦尔奇。当电话铃声响起时，无论韦尔奇手头有多么重要的事情，他都会先放下手头的工作，耐心地接听销售员的电话。他会在电话里表扬销售员签下一单生意，也会感激员工提供了宝贵的市场信息，这让销售员们感受到了充分的尊重与赏识。因此，销售员们都非常愿意拨通这个热线，与韦尔奇沟通工作中的问题。

从这个案例中我们可以发现，想让员工畅所欲言，管理者首先要有乐

于倾听的心态，还应为员工创设一种沟通的环境。这样才能让员工感受到管理者对他们意见的重视。当管理者听到可贵的意见时，表现得欢欣鼓舞，这种激动之情也会感染员工，让员工意识到管理者真的需要他们的意见。因此，员工自然会乐于提建议、说真话。

2. 推倒“部门墙”，实现面对面的顺畅沟通

企业部门之间的交流沟通，是企业团队协作的重要途径。如果没有部门间的顺畅沟通，合作就无法展开。例如，文件精神的传达与落实，财务预算管理的编制等，都要靠各部门的紧密配合。一项计划的落实，涉及人力、物力、财力等多方面的支持，需要与财务人员、执行者、库管、后勤等各部门协调沟通。因此，建立有效的沟通机制，推倒“部门墙”，才能实现部门与部门之间面对面的顺畅沟通。

3. 建立公共沟通平台，实现片对片的互动沟通

除了建立沟通机制，企业还应建立内部沟通平台，让全体员工有机会实现片对片的顺畅沟通。在这方面，李嘉诚的和记黄埔就做得很好。

和记黄埔曾引入了一个即时通讯工具 imo，构建了一个覆盖全员的沟通平台，使员工之间、部门之间可以直接利用这个平台沟通。公司可以利用 imo 的电子公告，将信息准确地传递给员工。同时，公司的电子公告还可以同步发送到员工的手机上，让不在线的员工及时收到信息。

如今，网络聊天工具层出不穷，企业完全可以创建 QQ 群、微信群，让全体员工都加入进来，使大家可以在公共聊天平台上，及时有效地传递企业内外部的信息，也便于大家相互间快速找到所要沟通的对象，实现沟通零距离。

第三章

有效激励：让员工主动去做是一门艺术

企业的生命力来自各个部门每位员工的热忱度。如何激发和鼓舞员工的积极性、创造性，提升员工的执行力，如何才能让员工主动做事并做到位，这是一门重要的激励艺术。中层管理者只有掌握了这门艺术，才能让员工朝着企业所期望的目标前进。

一、激励菜谱：四种不同人格类型的激励技巧

人之所以会采取某种特定的行为，是由其动机所决定的。而动机又是由人内在的需求所引起的，未满足的需求是形成人的行为动机的根本原因，如图 3 – 1 所示。因此，了解下属的需求对激励下属十分重要。

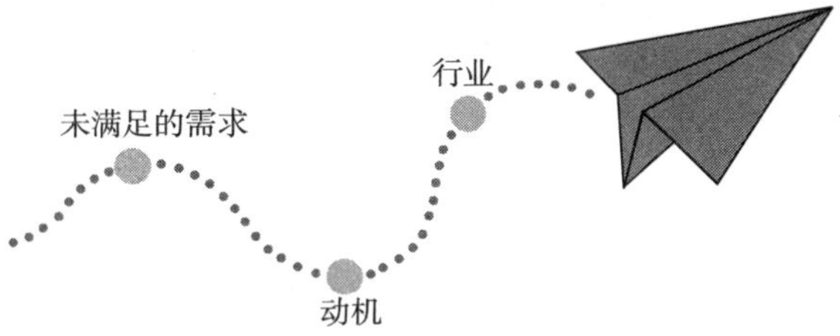

图 3 – 1　行为产生的原因

心理学研究发现，不同人格的人有着不同的内在需求，相应的激励策略也就不同。从人格的角度来分析，人大体可以分为四种类型，如图 3 – 2 所示。

1. 智力型

智力型的人偏重于思考，富有探索精神，喜欢了解事情的来龙去脉，乐于收集信息，但有时候不讲究信息的实用性。他们工作起来条理分明，但由于过分注重细节，有时舍本逐末、因小失大。他们是完美主义者，懂得的东西很多，但不懂的更多。

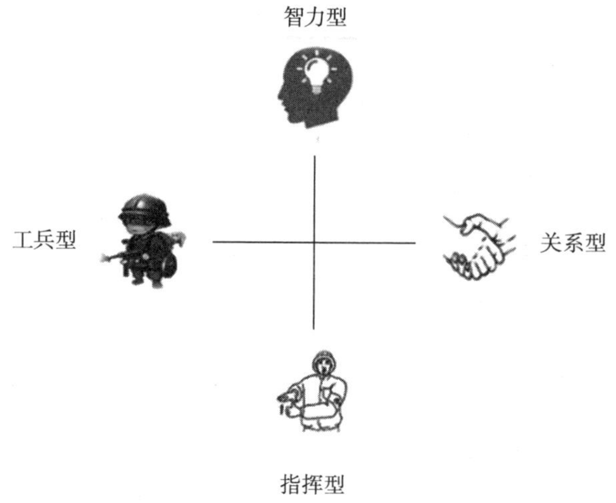

图 3－2　四种人格类型的下属

在日常工作中，怎样对智力型下属进行激励呢？中层可以参考以下几点：

（1）经常与他们探讨问题。

智力型下属喜欢刨根问底，与他们沟通时应做好充分的准备，有事实和数据的支持。作为中层管理者，当你与他们探讨问题时，会让他们觉得受到了尊重，得到了重视。

（2）放手让他们制定方案。

智力型下属喜欢提出解决问题的办法、方案。在工作中，你不妨让他们自己制定方案，然后再对他们的方案提出意见和建议，和他们一起商量修改的思路。最后，把方案返回给他们，再次与他们一起探讨方案修改后的效果，这样能让他们感受到信任和认同。

（3）尽量不要去说服他们。

智力型下属具有强烈的探索精神，当他们有了自己的想法后，往往很难接受别人的想法。因此，如果他们的想法不会影响工作的正常落实，尽量不要试图说服他们。因为你可能会因此花费很多时间和精力，而且效果不会太好。更可怕的是，会打击他们的积极性。

2. 关系型

关系型的人重视人不重视事，他们善于处理人际关系，为人比较随和乐观，很少盛气凌人。他们渴望获得周围人的关注，如果没有观众，没有喝彩声，他们的工作积极性可能没那么高涨。

在日常工作中，怎样对关系型下属进行激励呢？中层可以参考以下几点：

（1）永远不要吝惜赞扬。

当你和一个关系型下属沟通工作时，你要表现出热情和激动，使陈述和讨论变得火热，这样能迅速感染他们。在沟通中，不要吝惜赏识、认可、赞扬，这些肯定性的评价会极大地激发他们的自信心，增强他们的积极性。

（2）关心他们的个人生活。

关系型下属渴望得到关注，希望得到关心。作为中层管理者，如果你能在工作之余放下身段，主动和他们拉拉家常，关心他们的个人生活，他们往往会通过努力工作来回报你的厚爱。

（3）满足他们的安全感需求。

关系型下属对人际关系十分重视，也特别敏感。如果你忽视了这一点，他们可能会对你产生不好的想法，他们可能会想："是不是领导瞧不起我，不重视我？"所以，你要让他们感受到你的重视。比如，路过他们身边时，肯定一下他的工作表现。偶尔询问一下他们对某项工作的看法，鼓励他们提建议。

（4）安排工作时强调工作的重要性。

关系型下属重视人际关系，假如他们知道如果完不成某项工作，会导致同事工作陷入被动，甚至会因此影响业绩，那么他们往往会努力拼搏，争取不让同事受"伤害"。

3. 指挥型

指挥型的人喜欢以自我为中心，乐于管理他人、指挥别人，但他们不属于个人主义者，而属于敢于担当者。他们重视事而不重视人，公事公办，不讲人情是他们的做事原则。他们务实、追求效率、重视结果，喜欢以成败论英雄。相对来说，对人际关系不那么重视。

在日常工作中，怎样对指挥型下属进行激励呢？中层可以参考以下几点：

（1）不要告诉他们怎么去做。

指挥型下属主见性较强，对工作的执行有自己的想法，他们倾向于告诉别人怎么做，而不是让别人来告诉他们怎么做。如果你在安排工作时喋喋不休地告诉他们应该怎么做，他们往往不耐烦地说：“知道了，知道了！”也许他们并不一定知道，但是他们愿意自己思考如何去做。因此，如果你真的想告诉他怎么做，那也只须提个大概的思路，让他们按照你的思路去想具体的执行方案。

（2）尊重他们的行事方式。

指挥型下属非常自信，总认为自己的想法和做法是对的。因此，如果他们有执行方法，那你不妨选择尊重。当他们达到了预期的执行目标时，你要给他们正面的鼓励和肯定。如果他们没有达到预期的执行目标，那你可以鼓励他们找出自己行动方案的不足之处，并提出改进的措施。

（3）把紧迫性、重要性强的工作交给他们。

指挥型下属注重工作效率，比较有担当，在关键时候是最靠得住的执行者。因此，如果公司里有紧急的、重要的工作要做，那你不妨把这些工作交给他们。这不仅有利于快速、高效地完成工作，而且对于他们来说也是一种高度认可，他们会想：领导把这么重要的工作交给我，我一定不辱使命。

4. 工兵型

工兵型的人是天生的被管理者，属于脚踏实地的执行者。他们缺乏创意，乐于从事单调重复的工作，因为这样才会让他们感到踏实。他们遵守公司规章制度，喜欢在熟悉的环境中做熟悉的工作，不愿意接受挑战。对于分内的事情，他们往往能自觉地完成。每个企业、每个团队里都有这种类型的下属，他们看似默默无闻，但也十分忠诚可靠。

在日常工作中，怎样对工兵型下属进行激励呢？中层可以参考以下几点：

（1）给他们明确的工作指令。

工兵型下属喜欢听从领导的安排，领导告诉他们做什么，他们会认真地落实；领导告诉他们怎么做，他们就会怎么做。他们不会自己想办法解决问题，而是一板一眼地按照领导的吩咐或规章制度行事。因此，在日常工作中，中层一定要给他们明确的工作指令，让他们知道做什么、怎么做。

（2）经常给他们鼓励、认可。

工兵型下属之所以愿意听从领导的安排，原因在于他们缺乏自信心，不敢尝试新方法。当他们遇到困难时，他们会困惑不安，但又不好意思主动向领导请教，这个时候他们会彷徨，内心会受煎熬。因此，中层应该经常给他们鼓励、认可，并多主动关心他们工作上的困难。比如，时常问他们："工作进展顺利吗？有没有遇到什么困难？"这样可以让他们觉得很踏实，也有利于他们及时汇报工作中的困难。

（3）不要勉强他们去挑战。

工兵型下属喜欢在熟悉的环境中做熟悉的工作，喜欢按部就班，喜欢重复单调的工作。如果你让他们接受挑战，做一些有难度的新工作，或是让他们从事不愿意从事的工作，往往很容易打击他们的积极性。比如，在一家美容美发培训公司，一名员工喜欢做网站编辑的工作，可领导却安排他打电话招生。该员工拿起电话就紧张不安，不知道怎么跟陌生人说明来电意图，这让他备受煎熬。最终，他忍受不了这项工作，选择离职。所以，中层千万别勉强工兵型下属做他们不愿意做的事情。

二、期望激励：用期望激发员工的热情

人性的深处都渴望得到信任和赏识。如果一个人知道别人对他寄予厚望，大部分情况下他会尽全力去满足别人的期望。特别是当对他寄予厚望的人是其上司时，他就会更加充满能量地去努力了。所以，聪明的中层往往懂得对下属表达期望，以激发下属的工作热情和沉睡的潜能。这正符合心理学上的罗森塔尔效应，也叫期望效应。

美国哈佛大学的著名心理学家罗森塔尔曾做过一个实验：

他到某校考察时，随意从每班挑出几名学生，然后很认真地告诉校长："这些学生经科学测定，都是智商型人才，你们要好好培养!"半年后，罗森塔尔又来到该校，发现这些学生的成绩突飞猛进。再后来，这些学生在各自的工作岗位上都取得了非凡的成绩。

这个实验充分说明：教育者只要诚心诚意寄希望于受教育者，受教育者就会按教育者的期望去发展。寄予希望是一种期待，是一种信任，也是一种鼓励。它犹如催化剂、强心针，会催人奋进，使人变得更出色。

同样，如果中层懂得对下属寄予期望，也可以激励下属发挥主动性、积极性和创造性。比如，你可以在向下属交办某项工作时，对下属说："我相信你一定能办好这件事。"当下属执行遇到困难时，你可以对他说："我相信你会找到办法的。"这样下属往往会获得动力，努力朝你的期望去行动。

中层作为部门的带头人，作为团队的领袖，是团队气氛的主导者，是团队人心的激励者。中层若能经常对部门下属表达积极的期望，往往能很好地提升团队的凝聚力和战斗力。因为下属会下意识地在心理层面通过行动证明上司对自己的看法是"对的"，这就是我们常说的"不负厚望"。

1990 年，当时的华为集团还处于草创阶段，仅有 20 多人。但任正非很能激发团队成员的激情，经常给大家讲故事、讲未来，用理想来引领大家的热忱和投入，对大家给予很大的期望。

后来，华为集团开始进军海外市场时，任正非也是这样激励团队的，他对团队说：

“在这样的时代，一个企业需要有全球性的战略眼光才能发愤图强，一个民族需要汲取全球性的精髓才能繁荣昌盛，一个公司需要建立全球性的商业生态系统才能生生不息，一个员工需要具备四海为家的胸怀和本领才能收获出类拔萃的职业生涯。”

听了这样的话，那些即将奔赴海外市场的华为员工激动得热泪盈眶。果然，大家不负众望，用努力换来了华为的成长。如今的华为，已经成为一家实力雄厚的跨国公司，在全球 150 多个国家都有自己的分公司或代表处、研究所。年销售额将近 400 亿美元，为全球 700 多家电信企业及全球 33% 的人口提供服务。

与任正非一样，中航工业的董事长林左鸣也善于用期望激励下属。黎明公司连年亏损，林左鸣临危受命。上任的第一天，他在公司干部大会上提出“理出一条好思路，建设一个好班子，带出一支好队伍，开发一批好产品”的目标，对各级下属提出了明确的期望，并建立了“相信人、使用人、发展人、造就人”的企业文化。仅用三年时间，就使黎明公司的年利润同比增长了三倍多。

林左鸣曾说：“我最怕的是人的观念亏损，这一张牌倒下去，人的干劲、人的精神、人的技能，这些企业的本钱也都会跟着亏损，那就没有希望了。”在带领团队大干转包生产时，他总是对下属表达信任和期待，在他的期望下，团队成员艰苦奋斗、不断克服困难，充满了精神动力和奋斗精神。

那么，中层怎样运用期望激励呢？

1. 利用“压担子”式管理，给员工有挑战的目标

现代管理学的研究表明，如果企业员工长期处于一种缺乏奋斗目标的工作状态中，那么员工的精神状态往往会变得慵懒，员工的积极性、执行力都会受到影响，甚至还会对工作产生抵触情绪。反之，如果每个员工都有明确的奋斗目标，实现了目标有奖励，没有达到目标有惩罚，那么员工的工作状态就会截然不同，他们会积极进取，会努力达成目标。一方面是为了不让领导失望，另一方面也是为了获得更多的奖励。

日本东芝公司的管理层在总结用人的成功经验时，特别提到了“压担子”式管理。他们认为，如果一个员工能挑50公斤的担子，而上司只给他30公斤，甚至只给他20公斤，不仅不利于发挥他的潜能，还会让他觉得上司看不起他、不重视他，从而极大地挫伤他的积极性和创造力。

相反，如果上司给员工的担子超过50公斤，适当地超出了员工的负荷能力，员工就会全力以赴，设法提高自己，保证完成任务。更为重要的是，员工感觉自己被委以重任了，在这种期望激励的鼓舞下，他会深刻地体会到领导对他的信任，从而不遗余力地落实工作。经常给员工有挑战的目标，会不断激发员工保持进取，从而变得越来越出色。

值得注意的是，中层给员工的担子不能过重，给员工的目标不能过高。否则，员工承受不起负荷，无法达成目标，会打击他们的自信心和积极性。

2. 注重仪式感，和每一位下属签订“期望协议”

所谓仪式感，就是一种庄重而无声的力量。日本作家村上春树说：“仪式感是件很重要的事情。”在企业管理中，中层也要善于制造仪式感，比如，在下达工作任务、分派工作指标时，可以运用仪式感，让员工重视这些任务和指标的落实。通俗地说，中层可以在下达任务和工作指标后，和下属签订一份“期望协议”，也可以说是“承诺书”。有了白纸黑字的承诺书，下属就会产生强烈的目标感、使命感，就会重视把工作落实到位。

三、荣誉激励：给员工最想要的荣誉

20 世纪美国著名的心理学家马斯洛曾提出“需求层次理论”，他认为每个人都有被尊重的需要。当一个人被尊重的需求得到满足时，就会产生一种自信心和价值感。因此，对于在工作中表现突出，具有代表性的先进人物，企业可以给予他们必要的荣誉激励，这样能极大地满足他们的自尊，激发他们的价值感，使他们在工作中表现得更出色。

荣誉象征着价值，象征着自我实现。每个员工都有荣誉感，当获得某种荣誉时，他们就会获得信心，就会对企业充满热情，就能体会到自己的价值。因此，企业不妨从员工这种特殊的需要出发，通过授予各种荣誉，激发员工的积极性，使员工对工作保持热情。

运用荣誉激励时，可以采取以下几种具体措施：

1. 开展优秀员工的评比活动

经常看 NBA 比赛的人都知道，NBA 每年都会给表现突出的球员颁发各种荣誉奖项。如最佳新秀、最快进步球员、最佳第六人、常规赛 MVP 等。奖项虽然很多，但都有很强的针对性。其实，中层在带团队、激励下属时，也可以针对不同的点设置多种荣誉奖项。比如，最佳质量奖、最佳销售奖、节能奖、全勤奖，等等。通过开展优秀员工的评比活动，颁发不同的荣誉奖项，以激励下属。

需要注意的是，优秀员工评比活动不要在年底才进行，而要每月评比一次，缩短激励的周期，增强激励效果。比如，像沃尔玛这样的大公司，在全球的各个店每个月都会评选出优秀员工，并将优秀员工的头像贴在公司的荣誉墙上，确保荣誉激励的及时性。

2. 授予员工非业绩性荣誉

虽然企业是一个以追求经济利益为目的的组织，要奖励创造突出价值者和业绩优秀者。但除此之外，企业还需奖励业绩之外的突出表现者。比如，有些员工责任心特别强，所负责的工作很少出差错，上司安排的工作他很少“掉链子”，那么针对这种员工，可以授予“最有责任奖”；有些员工人际关系好，在企业里扮演着和谐关系的缔造者，经常和大家互动，营造轻松愉快的工作氛围，那么针对这种员工，可以授予“和谐使者奖”。

比如，某钢铁公司有一项奖项叫“十佳奖”。评选该奖项时，会综合员工在十个方面的表现。虽然公司对“十佳奖”没有设定物质奖励，只是在表彰大会上戴红花，或上光荣榜、刊登厂报等精神鼓舞，但员工以获得“十佳奖”为荣，大家甚至觉得比物质奖励更光荣，从心理上得到了满足。由此可见，利用非业绩性荣誉来激励员工，可以很好地提升员工的积极性，继而提升其业绩，是一种有效的荣誉激励法。

3. 向员工颁发荣誉证书

人都比较注重荣誉，这是人性的一种内在需求。所以，企业给员工颁发荣誉证书或聘书，可以有效地激励员工。因为荣誉证书代表着一种高度的认可，是对员工的一种强烈的价值认同。荣誉证书的种类和名称不受限制，管理者可以自行定夺，关键要让员工感受到一种认可和重视。

拿破仑善于用荣誉激励士兵，他主张对军队“不用皮鞭而用荣誉来管理”。为培养和激发官兵的荣誉感，拿破仑会给立了战功的官兵加官晋爵、授予勋章，并会在全军进行通报表扬。这种举措使官兵获得了强烈的被尊重感，认为自己是有价值的，从而激发他们为荣誉而战的决心。

一般来说，荣誉证书要与优秀员工评比活动、非业绩性荣誉等匹配。比如，评选出了“最佳节能标兵”，就授予员工相应的“最佳节能标兵荣誉证书”；评选出了“最佳销售奖”，就授予员工相应的“最佳销售奖荣誉证书”。

4. 借助荣誉墙和企业年鉴来激励员工

每个企业的辉煌历史都值得永久记忆。作为员工，如果自己的突出表现得到了企业认可、宣传和珍藏，那么他会获得强烈的主人翁感。因此，企业可以在公共场所的荣誉墙和精美的企业年鉴里记载、宣传员工的优秀事迹、突出表现，以激励员工。

企业还可以针对表现突出者设立某个组织，并设定进入该组织的标准。这样一来，员工会以进入该组织为荣。比如，美国 IBM 公司有一个“百分之百俱乐部”，当公司员工完成年度工作目标时，会被批准成为该俱乐部的会员。员工及其家人，都会被邀请参加公司举办的隆重集会。因此，员工都以成为“百分之百俱乐部”的会员为工作目标，努力获取那份无上的荣耀。

5. 用员工的名字来命名某项事物

在世界科学史上，用人的名字命名某项事物，已经成为一种惯例。比如，诺贝尔奖。在企业管理方面，我们也可以用人名命名某项事物，以激励员工。在这方面，青岛海尔集团堪称典范。

在山东青岛，海尔员工的工资不是最高的，但与海尔员工有过接触后，我明显感到海尔员工有一种强烈的自豪感。因为海尔集团非常注重荣誉激励，充分激发了员工的归属感和价值感。

在海尔集团，最具特色的荣誉激励措施之一就是直接用员工的名字命名一种高效的工作方式，比如，“王德工作法”。还用员工的名字，命名某项发明，比如，“启明焊枪”“晓玲扳手”“李勇冰柜”等。据说，海尔以员工名字命名的事物有三百多项。这种举措极大地激发了员工的创新激情，极大地满足了员工的荣誉感。

需要注意的是，在运用荣誉激励时，以下几点要牢记，如图 3－3 所示：

1. 认清荣誉激励的本质

荣誉激励的本质是什么？有些管理者将荣誉激励理解为“轮流坐庄，今天到你家，明天到我家”。殊不知，这样的荣誉激励是毫无意义的，起不到激励人心的效果。荣誉激励的本质是奖励先进，表扬贡献，鼓舞士气。绝不是搞平均主义、搞“轮班制”。

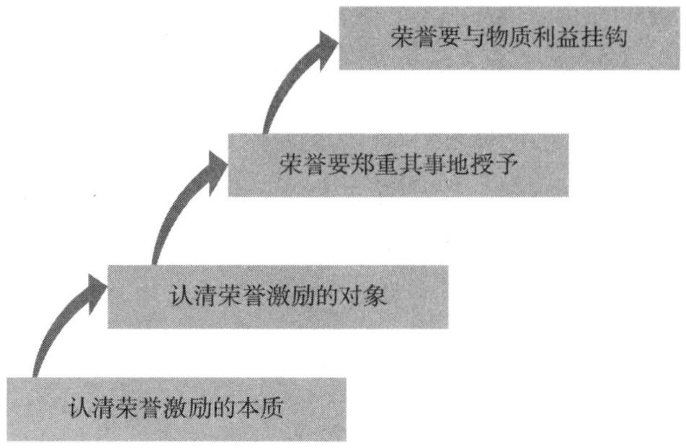

图3－3 荣誉激励的四个要点

为了确保荣誉激励只奖励先进者，在设置荣誉奖励标准时，一定要有规范的指标要求。比如，某公司针对“服务之星”设置了三项硬性指标：

（1）经济指标——要完成本月销售计划；

（2）服务指标——顾客满意度高，没有顾客投诉；

（3）团队指标——同事满意度高，该店员所得投票必须排在门店候选人前列。

这三大硬性指标设计得比较有艺术性，既追求效益，又讲究持续发展，还很好地控制了内部竞争的强度，避免了团队内部出现内讧。

2. 认清荣誉激励的对象

荣誉激励是奖励先进者的，而不是奖励权力者的；是奖励贡献者的，不是奖励资历高的，不能论资排辈。因此，针对普通员工的荣誉奖励，管理者不能参与。如果管理者也参与进去，那就很难做到公平。建议企业在设置荣誉激励时，可以分开层次，比如，普通员工有“小星星奖”，中层管理者有“大星星奖”。

3. 荣誉要郑重其事地授予

在颁布荣誉时，需要隆重的仪式。仪式越隆重，对员工的激励效果就会越好。IBM、玫琳凯等著名企业，每次授予员工荣誉时都会大张旗鼓，恨不得让他们的功臣成为全世界的焦点。纵然你不想让员工在获得荣誉时成为世界的焦点，也要设法让他们成为公司的焦点。比如，召开表彰大会、颁奖典礼，让他们上公司刊物，上公司的荣誉墙。

4. 荣誉要与物质利益挂钩

只有荣誉激励，难以让员工持久地保持工作热情，荣誉激励必须有物质载体，与利益挂钩。比如，获得某个荣誉的员工，可以相应地得到一些物质奖励、福利利益、机会利益，可以享受外出旅游、休假的机会等。如此，才能让荣誉持久发挥激励作用。

四、参与激励：让全员参与到管理中来

企业把员工摆在主人翁的位置上，尊重他们，信任他们，采纳他们的正确意见，让他们从不同层次和不同深度参与到企业管理中来，可以极大地满足员工的参与感，激发他们的归属感和价值感。最终，可以让企业和员工实现双赢。这就是参与激励的作用。

参与激励，实际就是鼓励员工参与管理，这种激励方式源自于日本企业。经过各国各式企业的学习和创新，已经成为一种成熟的管理方法。参与式管理强调通过员工参与企业的管理决策，发挥员工的聪明才智，实现自我价值。同时，达到提高组织效率，增长企业效益的目标。

根据日本企业界和美国企业界的统计，实施参与式管理可以大大提高企业的经济效益。一般来说，效益增长率可以提高 50% 以上，有的企业可以提高一倍乃至几倍。增加的效益一般有三分之一作为奖励返还给员工，三分之二成为企业增加的资产。

在运用参与激励时，管理者可以从以下四个方面着手，如图 3－4 所示。

1. 实行民主决策制

不少企业和部门在制定规章制度或部门政策时，往往采用一厢情愿、

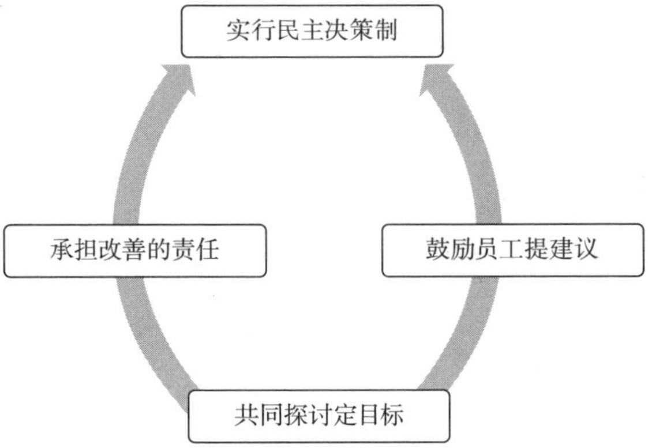

图 3－4　运用参与激励的四个要点

闭门造车的方式，既不与其他部门沟通，也不征询部门员工的意见。在这种情况下，容易导致制定的政策难以贯彻下去。明智的管理者不会这么做，他们会实行民主决策制，即在推行新制度、新管理模式和管理手段时，会让更多人参与到制度的讨论和制定中来。

（1）制度定案前讨论。

在制度方案确定之前，召集相关的部门和部门员工，针对一些原则性问题、核心性问题以及存在较大争议的问题进行充分的讨论，交换各方的意见，并明确各自的责任分工。

（2）制度定案中讨论。

在制度的具体制定过程中，有些细节性的问题需要商议。所以，在制度的具体撰写、定案过程中，管理者会邀请相关人员进行深入讨论，统一各方意见。

（3）制度定案后讨论。

制度细节定案之后，并不意味着制度制定完毕，还需要讨论制度执行的成本、制度与现状的吻合情况，以及制度落实中可能出现的问题。因此，需要确定再次讨论的时间，以便完善制度，增强制度的可执行性。

2. 鼓励员工提建议

很多公司并没有合理化建议的表达渠道，员工对企业发展有想法、有建议，却不知道如何反馈给上级。因此，设置合理化建议信箱，或设立总经理意见箱等，鼓励员工大胆地提建议，是优化企业管理，激发员工参与意识的必要举措。

日本松下电器公司十分重视员工的合理化建议，并由此成功激励了员工，这在企业界堪称典范。具体来说，松下电器公司实施合理化建议的举措主要包括五个方面：

（1）成立合理化建议小组。

通过组建合理化提议小组，把合理化建议活动变成一种团队性活动。小组以原有的行政单位为基础或自愿成立，要求有组长，还要有个性化的组名。这既强调和培养了员工的团队意识，还体现了公司对合理化建议活动的重视。

（2）成立提案评估组委会。

松下电器公司成立了固定的改善提案评估组委会，其成员由不同层次的企业成员组成，既有高层管理者，也有中层管理者，还有基层员工。而且各个成员的任期有限，定期更换。成立提案评估组委会，不仅能体现公司对合理化建议活动的重视，还能让更多的员工有机会参与进来。

（3）以小团队的名义提出建议。

对评选出的改善提案，相应的小组要派代表发言，阐明提案的主要内容、产生背景及原因，还有提案可能带来的效果。

（4）强调合理化建议的执行。

哪个团队提出的建议被采纳，就由哪个团队去执行，对于执行效果较好的团队，公司会给予相应的小组一定的奖励。

（5）奖励非现金性奖品。

对于提出较好提案的小组，公司会给予奖励。奖励不一定是现金，可以是一些日用品，比如毛巾、茶缸、洗脸盆等。

通过实施以上五个举措，松下电器公司既保证了员工参与的积极性，又提高了企业的管理效率和经济效益。

3. 共同探讨定目标

在传统的管理模式下，上司习惯于直接指挥下属的行为，造成下属落实的工作效果与上司的期望相差甚远。比如，管理者要求下属进行绩效考核，下属也会去执行，但由于下属对绩效考核标准不认同，导致绩效考核流于形式，起不到真正的考核和激励作用。因此，建议管理者与下属共同探讨制定目标，让下属在目标上达成共识。在这种情况下去落实工作，落实效果才会有保障。

通常来说，要想下属与管理层在目标上达成共识，关键在于上下级之间实现信息共享和资源共享，如图 3－5 所示。

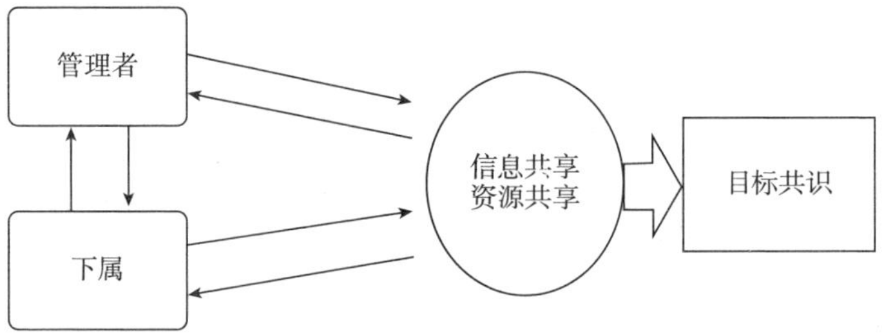

图 3－5　目标共识的关键

在企业管理中，上下级应该在信息共享的基础上制定目标，这样在产生巨大激励作用的同时，还有利于下属圆满地落实目标。

4. 承担改善的责任

谁的工作出了问题谁负责，这是管理中的基本原则，但这并不意味着上司可以不用承担责任。当下属执行不到位时，管理者的正确处理方法不是过多地追究下属的责任，而应该与下属一起分析执行不到位的原因，让下属承担更多的改善责任。帮助下属分析工作落实不到位的原因，一方面是管理者应该承担的职责，另一方面也有利于激励下属。

五、即时激励：第一时间兑现给员工的激励

俗话说：哀莫大于心死。企业在激励员工时，如果不能及时兑现承诺和奖励，而是给员工一个漫长的等待，那么就算最终奖励兑现了，激励的效果也会大打折扣。那种认为“有了成绩跑不了，年终算账晚不了”的想法和做法，只能使奖励原本的激励作用随着时间的延误而丧失，造成奖励走过场的结局。

有一家经营机械设备的公司，销售部经理为了刺激一下新季度的市场销售业绩，特地推出一项激励政策——在这个季度中，只要销售一台设备，销售经理就会从自己的奖金中，拿出1000元奖励员工，作为销售人员基本工资和绩效奖金之外的特殊奖励。

销售人员得知这个激励政策，都非常激动，纷纷挽起袖子向前冲。两周后传来捷报，销售员刘华卖出了一台设备。销售经理闻讯，连声叫好，并肯定了刘华的努力，但对奖金的事只字未提。刘华多少有点失落，不过心想也许奖金会在下个月发工资时发。

第三周，刘华又卖出了一台设备，同时张军也卖出了一台设备。销售经理再次表示认可，但对奖金的事还是只字未提。刘华和张军也再次认为，奖金会在下个月发工资时一起发。然而，到了下个月发工资时，刘华和张军的奖金都没有发下来。

当他们找到销售经理，询问奖金什么时候发时，得到的回复是：“着什么急嘛，我说过了每卖出一台设备，就可以额外获得1000元奖金，保证不会少你们的。不过，要等到年底才能发给你们，因为我的绩效奖金是年底一块算的。”

两个人听闻此言，犹如当头被浇了一盆冷水，原有的销售热情瞬间烟消云散。尽管他们知道这笔奖金不会不发，但拖的时间太长，让他们失去

了动力。

激励的即时性表现为“赏不过时”的及时性，在员工有了良好表现时，就应该及时地给予奖励。因为等待的时间越长，奖励的效果就会越差。即时激励至少有两个好处：

第一，当事人的行为受到了肯定后，有利于他继续重复好的行为表现。

第二，使其他员工看到，只要按照制度要求去做，就可以立即获奖，这说明公司的政策和领导是可以信赖的，因此大家会争相努力，以获得奖励。

海尔集团总裁张瑞敏曾经讲过一个开年终总结会的例子，他说：“如果今天下午开会，那么中午的时候就一定要把奖金给大家发了，下午的会才会开得有效果。如果某个员工工作很出色，应该给其加薪或者予以奖励，结果拖了半年才真正兑现，虽然花了钱，也起不到应有的激励作用。”

激励的作用往往是瞬间的。在完成工作后的一段时间内，员工对奖励充满渴望，如果管理者能抓住这个黄金时间，及时表扬员工，奖励员工，那么员工会大受鼓舞，并表现得更加出色。在落实即时激励政策时，需要注意以下几点：

1. 公司高层要起到推动作用

高层是企业战略的化身和代言人，高层能够传达企业的战略意图，是企业价值观的缔造者和守护神。所以，要想落实即时激励政策，高层领导必须身先士卒，起到推动作用。在这方面，通用首席执行官杰克·韦尔奇做得非常好。

韦尔奇最擅长的非正式沟通方式是给部属写便签，这也是一种有效的即时激励策略。有些便签写给直接负责人，有些便签写给基层员工，便签上总会写上对部属的认可和赞扬。韦尔奇说：“我的经营理论是要让每个人都能感觉到自己的贡献，这种贡献看得见、摸得着，还能数得清。”

2. 即时激励要抓住黄金时间

美国克莱斯勒汽车公司的总裁艾柯卡认为，即时激励能够充分调动员工的积极性，使员工提高执行力，创造更大的成绩。但艾柯卡强调，即时激励不是绝对地求快，也不是等员工把一件工作彻底完成了，再去激励员工，而是在员工最需要奖励的时候给他奖励，也就是在最佳时机激励员工。比如，员工开始一项工作时，即时激励可以帮助员工树立信心；员工的工作进展非常顺利，成功就在眼前，但遇到了一点小问题，这个时候激励员工，可以促使他一鼓作气，完成整个目标。

即时激励不能一味求快，而要在黄金时段内，找出一个最佳的激励时间。比如，2012 年 5 月 31 日，"唱吧"上线了，公司全体创造了一个连自己都想象不到的用户数据。当年 10 月份，公司创始人陈华"强迫"全体人员出国旅游一趟。在出游的近半个月时间里，公司的产品、业务没有任何进展，但陈华认了。因为他觉得自己的团队非常了不起，他们取得非常了不起的业绩，值得拥有这样的福利。

5 月 31 日创造了意想不到的成绩，但陈华却在 10 月份组织团队出游。显而易见，这个出游时间是经过慎重选择的。它符合"黄金时段内的最佳时间"这个要素，没有陷入一味求快的激励误区。

3. 适时公布获奖名单和奖项

奖励一定要及时，这个奖励不见得是奖金，有时候可以是虚拟的荣誉以及福利。对于荣誉奖励，一定要越快公布越好。这就好比上学的时候，老师奖励小红花一样。只要学生表现好，老师立马在光荣榜上记上一朵小红花，让学生及时受到鼓舞。

企业激励员工也应如此。在这一点上，唐骏做得很好。他在上海微软分部任职时，就曾在办公区设置了非常醒目的光荣榜。在光荣榜上，每个员工都有一张彩色照片，还有获奖名称、获奖时间，以及员工亲笔写的获奖感言。

从 1998 年 4 月到 2002 年 4 月，被评选为月度优秀员工，登上光荣榜的人数达到了 124 人，这个数字接近上海微软员工总数的三分之一。在四年的时间里，上榜员工如此之多，与唐骏采用的即时激励法有很大关系。他评选优秀员工从来不会等到年终岁末，而是每年评选三次，这大大缩短了奖励时间，满足了员工及时获奖的心理。

关于荣誉激励的及时性，以下几种做法值得参考：

（1）在第二天的晨会上重点表扬。

（2）在每周的全员会议上公开表扬。

（3）在公司的公示板上贴上获奖者照片并附上文字表扬。

（4）在公司的官方网站上刊登获奖者的事迹并表扬。

（5）在每个周期企业内刊的重要位置上刊登相应的获奖者事迹。

总之，当员工表现突出时，管理者要及时肯定和表扬，使优秀的表现在公司上下形成一股正能量，鼓舞还没出成绩的人充满热情、充满干劲。

六、竞争激励：良性竞争激发员工的进取心

人的天性中，总有一股不服输的劲头，这股劲头就是竞争之心、好胜之心。中层在管理员工时，如果能巧妙地利用下属的这种心理，把下属引入良性竞争中来，将会大大激发下属的工作热情，从而提高执行效率。

美国著名企业家查尔斯·施瓦斯曾管理过一个炼钢公司。该公司下属的一家分公司生产率低下，经常完不成总公司下达的生产任务。子公司的经理想了很多办法，都没有改变团队执行力低下的状况。

这天，施瓦斯到这家分公司视察。当时正赶上白班工人下班、夜班工人接班，施瓦斯问一位正要下班的白班工人：“今天你们炼了几炉钢？”

“5 炉。”工人答道。

施瓦斯拿起笔，在车间的布告栏上写了一个“5”字，然后就离开了。

夜班工人上班时，看见布告栏上的“5”字，感到很奇怪。问了门卫之后，才知道这个“5”字是施瓦斯写的。

第二天早晨，当白班工人来接班时，看见布告栏上有个“6”字，知道夜班工人晚上炼了 6 炉钢，心里很不服气：明知昨天我们炼了 5 炉钢，

你们偏要比我们多炼一炉，这不是明摆着让我们难堪吗？于是，大家劲往一处使，到了晚上交班时，他们炼了 8 炉钢，于是在黑板上写了个“8”字。

就这样，白班工人与夜班工人暗中较劲，不断刷新他们的日生产量，最高一天的日生产量达到了 16 炉，这是过去日生产量的三倍多。在这种竞争的氛围下，这家分公司的生产效率很快就赶超了其他分公司。

在这个案例中，我们看到施瓦斯利用了人性的好胜之心，采取设置竞争对手的做法，很好地激发了下属的工作热情，提升了团队的执行力。有道是“人之初，性本惰”，每个人或多或少都存在一定的惰性。在没有竞争氛围的团队里，下属没有比拼、没有压力，往往就不会奋进。久而久之，团队的执行力、战斗力就会慢慢下降。

聪明的管理者不应该任由下属被惰性吞噬，而要积极想办法运用竞争激励，点燃下属内心“不甘人后”的进取心，使团队充满进取的氛围。运用竞争激励时，管理者可以采取以下三种策略，如图 3 – 6 所示。

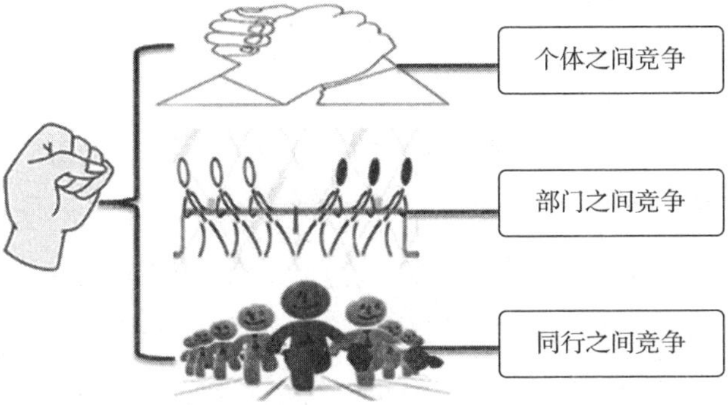

图 3 – 6　竞争激励的三种策略

1. 有针对性地给下属设置竞争对手

我认识一位企业中层，他特别善于运用竞争激励调动下属的工作积极性。比如，他会对下属 A 说：“论聪明，你和 B 不相上下，甚至你还比 B 强一点，但速度慢了点。如果你能像 B 那样快，那就完美了。”碰到下属 B，他会说：“你做事很有速度，但缺少了一些细致的精神，如果你能像 A

那样细心就完美了。”

通过给下属设置竞争对手的策略，有效地激起了下属之间的良性竞争，从而促使大家相互比拼、相互赶超。因为下属往往会这么想：我就不服气，凭什么说我不如他？我偏要做出成绩给领导看一看！

值得注意的是，在给下属设置竞争对手时，一定要有针对性。比如，针对粗心大意的下属，要给他找一个工作细心的下属作为学习对象；对于只追求执行速度，不注重执行质量的下属，要给他找一个追求执行效率的下属作为学习对象。另外，遇到自信心不足、心理敏感的下属时，要慎用这一招，因为可能会刺激他的自尊心，打击他的自信心，这反而起不到激励效果。

2. 鼓励本部门和其他部门展开竞争

公司部门众多，部门与部门之间就像一个个相对独立的人，哪个部门都不愿意表现得比其他部门差。因此，在运用竞争激励时，中层不妨以部门为单位，鼓励本部门与其他部门展开竞争。在这方面，日本松下电器公司就做得很好。

日本松下电器公司每季度都要召开一次讨论会，各部门的经理都要参加，大家可以清晰地了解其他各部门的工作成果。开会之前，公司领导会按照各部门完成任务的情况，由高到低划分为四个等级，分别是A、B、C、D四级。你的部分处于哪个等级，一目了然，这充分利用了各部门经理的好胜心，因为大家同为部门经理，谁也不愿意排在靠后的等级。

如果某部门经理发现自己部门的工作成果这次等级靠后，回去之后，他一定会想办法动员部门员工努力工作，争取下一次进步到更高的等级。这样一来，松下公司的各部门之间处于你追我赶的竞争中，大家的工作效率不断提高，企业的效益也有了非常好的保障。

为了激励各部门你追我赶，松下公司根据每个月的工作评比成果，设置了相应的奖励措施。松下公司对各部门所完成的利润，采取40%留于自行支配的做法，利润留成主要用于本部门员工的福利、更换或扩充设备等。因此，各部门完成的任务越多，利润就越多，能够留下来的利润就越多。这种所得与个人付出之间有着紧密的关系，促使各员工为了自己的利益而拼命地工作。这就是松下公司成为日本最大的电器公司的一个重要原因。

3. 鼓励公司全体员工与同行竞争

运用竞争激励时，管理者不能把眼光局限于公司内部，还应放眼于整个行业，鼓励员工与同行竞争。比如，同是一个行业的公司，为什么人家就能做得比你好呢？如果你能将这种声音传达给全体公司员工，鼓励大家团结一心，追赶和超越同行公司，那么对提高公司团队的执行力也是很有帮助的。

美国西南航空的内部杂志上经常会出现“我们的排名如何”这一主题，目的就是让全体员工知道公司的表现、在行业中所处的位置。通过这份杂志，员工可以看到运务处针对准时、行李处置、旅客投诉案三项工作的每月例行报告和统计数字，并能对比当月与前月的评估结果，从而制定下一阶段西南航空公司在业界的排名目标。通过这种方式，西南航空公司很好地将全体员工团结起来，大家为了公司的荣誉，为了同一个目标而努力，努力为公司成为行业内的先进而贡献自己的力量。

七、危机激励：制造危机感，让员工跑起来

在心理学上，有一个有名的心理学效应叫“鲶鱼效应”，它讲的是渔民为了让打捞的沙丁鱼活着被带回海岸，便在鱼舱里放入一些鲶鱼。由于鲶鱼是沙丁鱼的天敌，沙丁鱼不得不游动起来以逃避被吃，这样就避免了缺氧造成死亡。

其实，企业员工有时就像沙丁鱼，在没有天敌、没有感受到危机时，也容易变得不思进取、自由散漫。因此，引进“鲶鱼”，制造危机感，对于激活团队乃至整个企业来说都很有必要。在这方面，本田公司就做得

很好。

本田公司创始人本田宗一郎曾对欧美企业进行过考察，他发现在欧美的企业里，都有三种类型的人员：第一类是不可或缺的干才干将，大概占公司人数的20%；第二类是以公司为家的勤恳型人才，这部分人大约占公司人数的60%；第三类是终日东游西荡，拖企业后腿的“蠢材”，这部分人员占公司人数的20%。

再看看自己的企业，本田先生认为，必须把这部分“蠢材”员工的积极性激发出来。如果激发不出来，那么只有将他们淘汰出局。具体怎样做呢？他从鲶鱼效应中得到了启发，大力进行人事改革。他首先从销售团队入手，因为销售部经理的观念保守，缺乏进取精神，严重影响了下属。所以，他决定找一条“鲶鱼”来，打破销售团队沉闷的气氛。

本田先生把年仅35岁的武太郎从松和公司挖了过来，进入本田公司担任销售部经理。武太郎具备丰富的市场营销经验和过人的学识，并且有惊人的毅力和工作热情，他对待销售团队的下属非常严格。在他的带动下，整个销售团队的工作热情很好地被激发出来，活力大增。公司的销售业绩也直线上升，公司在欧美市场的知名度不断提高。

这次引进“鲶鱼”的成功让本田先生尝到了甜头，后来，本田公司每年都会从外部聘请一些精明能干、思维敏捷、30岁左右的年轻人。有时候，本田公司还会聘请常务董事一级的“大鲶鱼”。这样一来，公司的“沙丁鱼”就有触电般的感觉，大家感受到了压力，也迸发出活力，使得企业效益蒸蒸日上。

除了从公司外部引进优秀人才充当“鲶鱼”，以激起公司内部活力之外。管理者还可以采取以下三种策略制造危机感（如图3－7所示），促使员工奔跑起来。

1. 向下属发出企业前途危机的警示

在市场经济的大潮中，企业的生存环境瞬息万变，自身的资源状况也在不断变化之中。因此，企业的生存与发展充满了变数，危机时刻伴随。因此，管理者有必要经常向下属发出企业前途危机的警示，让下属忘记成

图 3-7 危机激励的三种策略

绩，认清现实，不断提升自己，积极应对危机。

华为集团创始人任正非曾出版《华为的冬天》一书，告诫员工：“公司所有员工是否考虑过，如果有一天，公司销售额下滑、利润下滑甚至会破产，我们怎么办？我们公司的太平时间太长了，在和平时期升的官太多了，这也许就是我们的灾难。泰坦尼克号也是在一片欢呼声中出的海。而且我相信，这一天一定会到来。面对这样的未来，我们怎样来处理，我们是不是思考过。我们好多员工盲目自豪，盲目乐观，如果想过的人太少，也许就快来临了。居安思危，不是危言耸听……”

任正非还在书中说，“华为公司老喊狼来了，喊多了，大家有些不信了。但狼真的会来。今年我们要广泛展开对危机的讨论，讨论华为有什么危机，你的部门有什么危机，你的科室有什么危机，你的流程有什么危机。还能改进吗？还能提高人均效益吗？如果讨论清楚了，那我们可能就不死，就延续了我们的生命。怎样提高管理效率，我们每年都写了一些管理要点，这些要点能不能对你的工作有些改进，如果改进一点，我们就前进了”。

身为管理者，应该像任正非那样高瞻远瞩、放眼未来、保持忧患意识。不断提醒下属企业所面临的发展危机，提醒下属思考“危机在哪里”“如何去改进”。只有这样，企业才能不断进步，才不会在市场竞争的浪潮中卷入海底。

2. 向下属发出个人前途危机的警示

企业生存危机与员工生存危机是紧密联系在一起的。当企业遇到危机时，员工也就前途堪忧了。因此，管理者要让员工树立“人人自危”的危机意识，无论是公司领导班子，还是普通员工，都应该保持危机感。

而作为中层管理者，要让员工明白：“不论今天你为企业创造了多少价值，不论你在企业拥有何种地位，只要你不努力，那么有一天你就会被人替代。”如果员工有了这种思想意识，那么他们就会提高自我要求，积极进取。

3. 向下属发出产品服务危机的警示

管理者要让下属明白一个道理：能够生产同样优质产品和优质服务的同行比比皆是，要想在市场上站稳脚跟，让消费者对本公司的产品情有独钟，就必须不断挖掘自己产品的优势和特色，使产品和服务保持独一无二的竞争力。因此，大家要不断研发新产品、优化新功能、引进新设备，让企业产品和服务更加完善。

另一方面，对于产品质量和服务质量方面的问题，企业应加大整治的力度。要让下属明白，如果不把好质量关，让次品出厂了，或不把好服务关，导致不良服务引起客户不满，会给企业带来什么后果，自己又会受到怎样的处罚。如此，下属自然会提高自我要求、保持责任感和严谨的工作态度。

第四章

监督考核：员工只做你检查和考核的事

中层将工作任务布置下去后，不能寄希望于下属的自动自发。有句话说得好："下属只做你检查的，不做你期望的。"如果你不采取任何措施将目标落实到位，那很可能会以失望收场。唯有通过跟踪检查和监督考核，才能有效地促使下属按照你的既定方针执行到位。

一、员工没你想的那么自觉

在任何一家公司里，工作很自觉、很努力的人大概只有20%，靠监督才能完成工作的人大概有60%，剩下20%的人很难独立完成工作。正因为如此，IBM公司前CEO路易斯·郭士纳才会说："员工只会做你检查的，而不是你期望的。"因此，对中层管理者来说，你重视什么，那就去跟踪检查什么。如果你不检查、不监督，就等于不重视，那么你的下属就更不会重视了。

很多中层喜欢对下属说"我希望你如何如何"。但实际上，下属总不能按时完成，但若提及某个时间要进行检查，员工的工作效率就会大大提高。反之，如果中层不去跟踪检查，不去监督，不去考核，下属就不那么重视，执行的效果就不那么好。

经常听到管理者对下属说："这个问题我已经跟你说过了，怎么还这样？"从这句话里，我们可以清楚地看到问题的症结所在：如果下属做了某项工作不能达到你的要求，那么责任在你。因为你没有交代清楚，没有跟踪检查，没有及时发现问题，纠正执行偏差。

谈到跟踪检查，有些中层会产生认知偏差，认为跟踪检查代表着对下属的不信任。实际上，当你拿着放大镜去检查下属的工作时，是在真诚地帮下属把工作落实到位，让下属变得更加出色。

英国有一家大型时尚杂志社，公司的办公区在大楼的15～20层。公司的女总编对员工要求很严厉。她规定：每位员工在上班时间内都要穿正装，女士要穿高跟鞋，男士要打领带。为了确保大家落实这项规定，女总编经常会搞“突然袭击”——她会不定期地出现在15～20层的任何一个区域，检查员工是否落实了公司的规定和各项工作指标。对于这位女总编，大家都不敢轻视，都严格按照规定着装，按照公司的要求做事。正因为如此，这家时尚杂志社的形象不断提升，成为知名的时尚杂志之一。

要想下属遵守制度，或者把各项工作落实到位，中层就要经常跟踪检查，不断强化员工的自觉意识和执行力。这就是跟踪检查的目的，具体来说，通过跟踪检查，可以达到以下三个目标：

首先，发现目标落实过程中的偏差。

跟踪检查的主要目的是为了发现目标落实过程中的偏差，以便及时、适时地修正，确保执行走在正确的道路上。跟踪检查不仅要发现偏差，而且要及时修正偏差。修正偏差一要及时，二要适时。所谓及时，就是节约时间，避免偏差越来越大，造成更多的损失。所谓适时，就是掌握修正的时机，抓住问题的要害。

其次，为上下级沟通工作提供内容。

很多实行目标管理的企业，要么对下属放任不管，要么经常管理过于严格，使目标管理的威力难以发挥。出现这种情况，根源就在于上级不知道什么时候该管，什么时候不该管。跟踪检查就解决了这个难题，给上级提供了一个介入下属执行的机会，为上级提供了与下级沟通工作的内容。

再次，为下属落实目标提供支撑。

我们知道，汽车跑久了，各个零部件会发生磨损，还需要加油。跟踪检查一方面就是检查磨损状况，及时维护保养，消除下属的懈怠情绪。另一方面，在跟踪检查的过程中，中层要对下属进行鼓励和肯定，满足下属被关注的需要，不断激发他们的热情。

跟踪检查的目的性很强，但做好这项工作并不容易，它要求中层遵循以下几个原则，如 4 –1 所示。

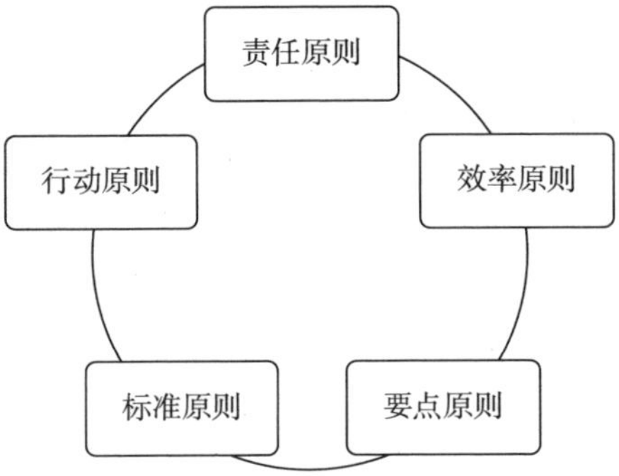

图 4 –1　跟踪检查应遵循的五个原则

1. 责任原则

责任原则的最高境界是实现“无为而治”，让员工自行进行目标管理——自己制定目标，且在执行目标的过程中自我检查、自我控制。只有当自我控制失效时，才需要中层介入检查。但即使在这种情况下，中层也要多启发下属寻找执行不到位的原因和解决问题的办法，而不应该越俎代庖、大包大揽。

2. 效率原则

跟踪检查是需要成本的，检查所投入的成本，应该小于因检查而提高的效益。换言之，要用最少的成本来检查，以最大限度地提高执行效果。

3. 要点原则

跟踪检查不能事无巨细、面面俱到，而要把关注点放在一些关键因素上，即抓关键、抓要点。否则，就会浪费时间和精力，浪费资源，拉高检查的成本，影响检查的效率。

4. 标准原则

跟踪检查要有自己的一套标准，特别是时间、进度标准以及目标阶段性达成的质量标准。如果没有标准，跟踪检查就会变得盲目，因为你根本不知道下属当前的工作进展是否符合预期目标，也不知道下属的执行过程是否存在问题。

5. 行动原则

跟踪检查的意义不在于检查本身，而在于通过检查发现偏差后，要立即采取行动，与下属一起找出造成执行偏差的原因并纠正它。如果发现偏差之后，迟迟不去解决问题，就会打击下属的积极性。

对目标落实的跟踪检查，根本目的是确保目标落实到位，而不是中层管理者为了显示自己的权力，在下属面前耀武扬威、寻求关注。

二、帮下属养成及时汇报的习惯

在很多人的职业观念里，汇报工作只是表面文章，是一种形式主义。其实，这是一种认识误区。汇报工作不是形式，而是内容，它是工作的重要组成部分。

在西点军校，每天早晚列队时，总有这样一个环节："报告长官，今天应到××人，实到××人，有××人事假、××人病假……报告完毕！"听完士兵的汇报，长官便对已经发生的情况心中有数了。

西点军校强调，士兵接到长官布置的任务后，无论任务完成得如何，都要及时向长官汇报。汇报要按一定的规范进行，而且要简洁明了。如果士兵不及时汇报情况，或汇报的态度不好，就破坏了规矩，破坏了士兵对长官服从的职责。

部队如此，企业也如此。然而，管理界流传着这样的一句名言：下属的汇报永远不能达到领导的期望。不少领导苦恼于不知道下属在做什么、进展如何、遇到了什么困难，而下属却不知道汇报的重要性，不知道什么事情该汇报。因此，在日常工作中，中层要有意识地强调汇报的重要性，培养下属及时汇报的习惯。具体来说，中层可以这样做，如图4-2所示。

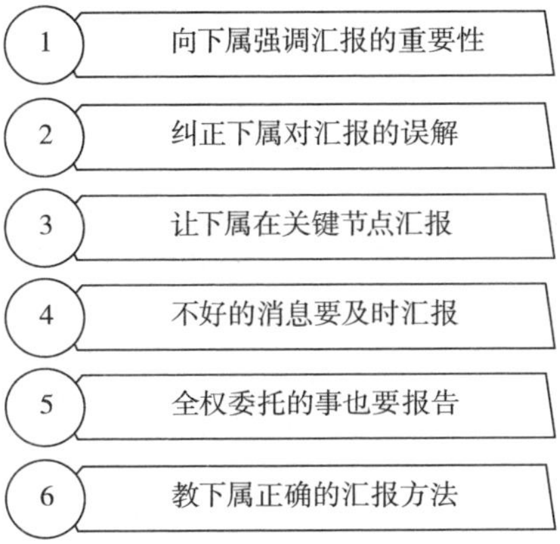

图4－2 培养下属及时汇报的习惯

1. 向下属强调汇报的重要性

常言道：失之毫厘，谬以千里。一个微小的误差可能导致工作上的巨大失误。在落实一项工作时，做完了再讲和边做边讲所产生的效果是完全不同的。中层可以告诉下属："如果你们不及时汇报，我就不能做出正确的判断，也不能做出正确的指导。反之，如果你们能够及时汇报情况，我就可以随时了解你们的工作进度，从而抓住工作的重点和问题所在，及时作出相应的调整。"

2. 纠正下属对汇报的误解

有些人认为工作未完成就没必要向上司汇报，或觉得没有取得成绩，不好意思向上司汇报。比如，某电器公司的业务员刘杰被销售部经理安排去跑市场，一个星期过去了，也没有和经理汇报工作。经理很纳闷，就打电话过去问："市场跑得怎么样了？怎么连个电话也没有，我都不知道你在外面干什么！"刘杰嘿嘿一笑，不好意思地说："我跑了一个星期，还没有取得一点成果，不好意思给你打电话。"

对于这种心理，管理者有必要明确告知下属："千万不要因为工作未取得进展而不好意思汇报，恰恰是因为工作没有取得进展，没有取得成绩，更应该积极汇报。这样上司才能针对你所遇到的困难，和你一起想办法解决问题。如果你不汇报，埋头苦干，闷在葫芦里，我也不知道你们工作进展如何，大家之间缺少了沟通，对工作的开展是不利的。”

有些人对汇报还有一种错误认识，他们会想：这点芝麻大的事，算了，没必要向上司汇报。这种想法也是不可取的。管理者要纠正下属这种错误想法，告诉下属：“事情是否重要，应由上司来作判断，你们的义务是据实汇报，即使是不怎么重要的事情，也要及时汇报。有些工作中的事情，在你们看来是小事，但在中层以及高层看来，可能是非常有价值的线索，对调整战略决策很有帮助。”

3. 让下属在关键节点汇报

一般来说，汇报工作主要集中于工作的几个关键节点上。比如，下属做好工作计划后，让他向你汇报一下，让你了解他的计划内容，然后针对他的计划提出合理化的建议或意见，确保下属的计划与你的期望相符，保证工作顺利完成。

再比如，工作进行到一定程度时，让下属主动向你汇报情况，便于你了解他的工作进展、所遇到的难题或所取得的成果，这样你才会心中有数。如果下属等到工作结束时才汇报，假如工作进展顺利，执行到位还好，万一执行出现偏差，到那时想采取补救措施都来不及。因此，一定要让下属在工作进行期间，分阶段地汇报情况。

工作完成后，让下属及时向你汇报，这是非常有必要的。有些下属完成了工作，依然闷不做声，还自以为可以利用工作时间偷点懒，干点与工作无关的事情。殊不知，工作完成之后，是否达到上司的要求还不知道，如果拖着不汇报，很可能错过及时改进的时机，对工作是极为不利的，也不利于上司给下属及时安排新的工作。

4. 不好的消息要及时汇报

对于执行中出现的不良状况，越早汇报越有价值。因为越早汇报，越有利于管理者采取相应的对策，以便把问题消除在萌芽状态，把危机控制在未恶化之前。这样可以减少企业的损失。如果延误了时机，就可能铸成无法挽回的大错。

所以，中层要告诉下属："千万别把不利消息藏着掖着，隐瞒不利消息只会造成更加严重的后果。"另外，对于报喜不报忧的行为，企业可以制定相应的处罚措施，从制度层面遏制员工报喜不报忧的行为。

5. 全权委托的事也要报告

中层把工作全权委托给下属去办，也要和下属仔细讨论各种问题，还要提醒他：遇到情况要及时汇报，比如，超出权限的事情。有些下属想当然地猜测上司的意图，觉得应该没有问题，或根据以往经验觉得没问题，自行做出超出权限的决定或许下不应该许的承诺。这可能会让下属及企业陷入麻烦。因此，这其中的利害关系中层要跟下属讲清楚。

6. 教下属正确的汇报方法

汇报是一项特别能体现职业素质的事情。在培养下属汇报的习惯时，中层应教下属正确的汇报方法。

（1）汇报时先说结果。

一般情况下，在听取汇报时，管理者想先了解事情的结果。所以，要求下属汇报工作时先说结果，再谈过程。口头汇报如此，书面报告也一样。这样做汇报，才能简明扼要，节省时间。

（2）用事实和数据说话。

下属在汇报工作时，不仅要谈自己的想法和建议，还必须拿出客观事实和相关数据说明问题，确保汇报的严谨性。如果下属汇报时主观推测太多，总是用"可能"、"应该"等词语来描述状况，就很容易误导你，不利于你作出正确的决策。所以，你要告诉下属：汇报时要多用事实和数据说明问题，个人的想法和建议应该以事实和数据为依据。

三、深入一线检查工作的落实情况

有一次，参加企业界的一个中高层领导峰会。一位管理者在会议上的一番话让我为之一振，特别认同。他说："如果监督只是听几次汇报，例行几次座谈会，提一提建议，在办公楼里转一转，那监督也太简单了。这样的监督不可能促使工作落到实处。"

这番话深深触动了我，让我联想到一个企业界有名的案例：

德国摩登公司的大客户跳出了合同，一线销售员马上给主管打电话报告："主管，不好了，公司的大客户丢掉了，这直接影响我们的效益啊！"

主管说："慌什么啊？镇定一点！"说完他冷静了一下，组织了一下语言，然后给上司打电话："经理，市场部出了点问题，一个客户流失了。"

市场部经理说："一个客户流失了有什么大惊小怪的，我们还有很多客户呢，继续努力吧！"

正在这时，市场总监打来电话，询问市场开拓的情况，经理笑着说："总监请放心，市场开拓进展良好，一切尽在预期之中，很多客户都有和我们合作的意向。"

总监挂了电话，心里很是满意。然而，一个月后，公司召开销售会议时，总监才得知公司的市场开拓情况很糟糕，公司不仅没有争取到大客户，原来的几位老客户还被竞争对手争取走了。

这是一个典型的只靠听汇报去监督的案例。只听下属的汇报，很容易被"报喜不报忧"的下属蒙骗，导致对真实的落实情况不了解，无法及时制定应对之策。正如英特尔公司总裁安德鲁·格鲁夫所言："高层领导有时候直到很晚才明白周围的世界已经发生了变化，老板则是最后一个知道真相的人。"为什么会出现这种情况呢？

因为人都有这样一种心理：向领导汇报情况时，会多讲自己的成绩，少讲问题和错误。如果成绩不突出，那就浓墨重彩地夸大一番；如果问题很严重，那就轻描淡写地一笔带过。这样管理者就难以掌握真实的执行情况，不仅影响正确决策，还会影响解决问题的时机，使小问题变成大危机，给公司造成严重的损失。这就是“报喜不报忧”的心理原因。

怎样才能避免中高层管理者是最后一个知道真相的人呢？很简单，管理者在跟进检查和监督的过程中，不能局限于听取下属的工作汇报，还要积极深入一线，检查工作的落实情况。既要相信下属的汇报，更要相信自己眼睛看到的情况。这样才能准确掌握目标落实的具体情况，及时针对不良现状找出解决办法，最终确保目标落实到位。具体来说，中层应该这样去深入一线跟进检查，如图4－3所示。

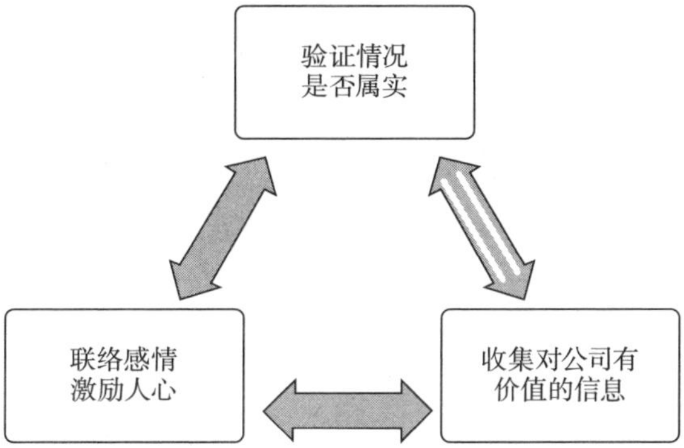

图4－3　深入一线的三个目的

1. 深入一线验证下属汇报的情况是否属实

要想准确地掌握目标的落实情况，同时又防止下属报喜不报忧，中层可以深入一线，有针对性地验证下属汇报的情况是否属实。例如，下属说“客户所要的货物生产完毕，已经发出去了”。如果管理者正巧路过客户那里，可以去打听一下情况，看下属汇报的情况是否属实。

当然，有时候深入一线检查工作的落实情况，并不一定真的要亲自跑一趟。毕竟管理者的时间、精力是有限的。现在通讯设备那么发达，只要给客户发个信息，或打个电话，或询问一线的其他下属，就能了解工作的落实情况。

英特尔公司总裁格鲁夫就是这么做的。他一方面要求直接下级积极汇报工作，一方面又会通过电子邮件了解世界各地一线员工的心声。格鲁夫说："从那些与我远隔重洋或地位远低于我的人那里听取汇报，可以根据他们的看法准确地了解业务问题，从他们不同的看法中，我能提升自己的洞察力。"

格鲁夫随时敞开办公室的大门，等待下属来汇报。同时，他也经常走出办公室，主动询问员工的工作情况，了解员工的意见和想法。正是因为这样，格鲁夫才能及时发现管理中的问题并予以解决，才有了英特尔今天的辉煌。

2. 深入一线有意识地收集对公司有价值的信息

在深入一线检查工作的落实情况的同时，管理者还可以有意识地收集对公司有价值的信息，为制定下一步市场策略做准备。在这方面，娃哈哈集团总裁宗庆后堪称行业典范。

宗庆后是娃哈哈集团的创始人、董事长兼总经理，他有一个工作习惯，无论多忙都会抽空走出办公室，深入一线了解下属的工作执行情况，同时收集市场信息。据说一年 365 天，宗庆后有 200 多天在市场一线跑。曾有人问宗庆后："娃哈哈是怎么成功的？"他的回答是："娃哈哈的成功是跑市场跑出来的。"

宗庆后从来不请营销咨询公司做市场调研，他相信自己跑市场时的亲眼所见、亲耳所听。通过跑市场，宗庆后获得了很多在办公室根本无法获得的第一手信息，比如，新产品的口感如何，包装好不好，宣传效果怎么样，竞争对手在做什么，等等。这些信息根本无法靠下属的汇报获知。

通过跑市场了解对公司有价值的信息，宗庆后做了许多重大的决策。决策执行之后，他还会通过新一轮的跑市场去验证自己的决策是否正确，看是否有需要调整和补充的地方。这样他的经营思路就变得越来越清晰，决策也越来越准确。

现代社会的市场竞争愈演愈烈，管理者要想带领团队从容应战，带领企业快速稳步地发展，就必须眼观六路、耳听八方，多方面收集有益于企业发展的信息，多借鉴同行企业的经营优点，多关注市场的形势变化。聪明的管理者明白，每天坐在办公室里是无法掌握下属的执行情况的，更没办法了解与企业发展息息相关的一线信息。

3. 深入一线与下属联络感情，激励大家再接再厉

经常走出办公室，不仅可以增长见闻、收集信息，还可以和一线的员工联络感情，激发他们的斗志，提升自己的亲和力。试想一下，员工在生产一线工作，管理者走过来与员工打招呼，对员工表达关心和慰问，员工是不是会深受鼓舞呢？

管理者经常性地走近下属，与下属打成一片，“亲民”形象就慢慢建立起来了。在这一点上，日本索尼公司的创始人盛田昭夫为我们做出了榜样。

盛田昭夫只要有空就会走出办公室，到生产一线去和员工接触，去各个分店转转，找机会与员工沟通。他认为走到员工中去，有助于拉近与员工的距离，可以更好地了解员工，倾听他们的意见，使大家在一个轻松、透明的环境中工作。

有一次，盛田昭夫到东京办事，由于时间充裕，他就去了一家挂着“索尼旅行服务社”招牌的小店，进去后他对店员说：“相信你们在电视或报纸上见过我，今天我特意来和你们打个招呼，让你们看一看庐山真面目。”

大家平时只在新闻媒体上见过盛田昭夫，这次亲眼看见他，感到特别亲切，气氛一下子变得轻松起来。盛田昭夫在店里转了转，和员工随意攀谈起来，很好地拉近了彼此之间的关系。

走出办公室，深入一线，是中层管理者塑造个人形象的重要方式。每个下属都希望获得领导的关注和激励，哪怕是打一声招呼，说一句肯定的话，都能让员工欢欣鼓舞、热情高涨。所以，请养成深入一线的习惯，去检查工作的落实情况，去收集对企业有价值的信息，去与员工打成一片。这样整个团队才能在你的带领下变得越来越有凝聚力和执行力。

四、合理考核，给员工发张“成绩单”

当你困惑于员工为什么执行力低下，工作积极性不高，公司公布一项政策没几天，员工就坚持不下去时，你最应该做的是对员工进行合理的绩效考核。

关于绩效考核，日本“经营之神”松下幸之助曾说过这样一句话：“不管有无制度，经营上总是要经常对人进行考核；如果缺少对业绩、能力的制度性考核，我们只能依赖一线监督者的意见做出人事安排，稍有疏忽，稍有不注意就会出现不平、不公，导致不满，损害士气和效率等。”

徐先生是一家化妆品公司的老板，为了激励员工，他决定实施绩效考核。他采取月度绩效考核法，该考核法推行半年后，员工积极性未见提高，反而下降了。各个部门上交的考核结果也比较雷同，基本上是没有大功，也没有大过，有些部门甚至给每个员工打相同的绩效分。

公司的人际关系也变得有些微妙，一些表现不好的员工，有意识地讨好上司。更令老板措手不及的是，有些业绩出色的员工提出了离职，理由是公司绩效考核不公平，让他们感到失望……老板非常困惑：不是说绩效考核吗？为什么我的“月度绩效考核”产生了这么多负面影响？

美国学者亚当斯的“公平理论”认为，一个人在工作中取得报酬后，并不是仅仅关心自己所得报酬的绝对值，他还会通过相对投入的报酬水平与相关同事的报酬来判断自己所得的报酬是否公平。如果企业考核制度不合理，不能营造公平感，那么不仅有损士气和执行力，还会导致严重的人才流失，这是企业发展的大忌。要保证考核公平，最重要的是设定明确的考核标准，在这方面家电企业格兰仕就做得很好。

格兰仕集团创立于1978年，前身是一家做羽绒制品的乡镇企业。1992年，带着让中国品牌在微波炉行业扬眉吐气、让微波炉进入中国百姓家庭的雄心壮志，格兰仕大胆闯入家电业。如今已成为总产值几百亿的微波炉生产商。

格兰仕之所以能快速地成长起来，除了创立之初的激情之外，完善的管理机制和公平的考核制度是其取得辉煌成绩的重要原因。在格兰仕的发展历程中，随着产品种类的增多和员工队伍的壮大，格兰仕不断完善内部管理。在内部激励制度的基础上，格兰仕针对不同的员工，采取了不同的激励方法和策略。基层员工的收入与他们的劳动成果和班组考核成绩直接挂钩，这样既能激励个人，又能激励团队。

在绩效考核方面，格兰仕一直秉承公平公正的原则。每个车间都有一个公告牌，各个生产班组和员工的工作业绩以及考核结果都记录在上面。考核的指标有很多，包括整个团队的产品质量、成本降低、安全生产、工作纪律，等等。同时，工件数、加班时间、奖罚项目等也会呈现在公告牌上。

员工看了这个考核结果后，都能清楚地算出自己能拿多少钱，也能看到别人拿多少钱，看到别人哪些方面比自己做得好，进而明确自己在哪些方面需要改进。正是靠着如此公平的考核制度，格兰仕让员工感到非常放心。对格兰仕来说，尽管它有十个车间和数以万计的员工，但其绩效考核工作依然有条不紊地进行，而且还在不断完善当中。

格兰仕的绩效考核案例告诉我们，要想保证绩效考核公平合理，需要注意以下几点：

1. 针对各个部门和岗位，设定可量化的考核指标

首先，要强调的是，绩效考核的指标不能只有一套，因为岗位的实际情况不同，考核时应结合各岗位的特点进行。所以，各个部门负责人都应参与到绩效考核指标的设计中来。

比如，针对销售部门，绩效考核的指标应侧重于销售额、成交的客户数量、开发新客户的数量等；针对研发部门，绩效考核的指标应侧重于技术创新的数量、产品研发的周期、技术或产品创新给企业创造的价值等；针对财务部门，绩效考核的指标应侧重于账目的准确度、清晰度、出错

率等。

其次，部门负责人设计出绩效考核指标后，高层管理者应组织相关部门负责人、员工代表等参与研究和讨论，确定这些指标是否符合工作实际情况。对于不妥的指标要进行修改。最终，总结出一套绩效考核指标，并编入制度中，供各部门绩效考核使用。

2. 给每个部门的绩效考核成绩划分出不同的等级

在设计绩效考核体系时，绩效考核等级的划分是非常关键的。很多企业忽视了这方面的研究，导致划分的等级不合理，给绩效考核的实施带来了负面影响。一般来说，绩效考核的等级可以划分为优秀、良好、合格、待改进和不合格五个等级。最少可以划分为优良、合格、不合格三个等级。划分的等级越多，对绩效考核的要求越高，所产生的激励性就越强；划分的等级越少，对绩效考核的要求越低，所产生的激励性就越弱。

针对绩效考核的各个等级，企业可以制定相应的奖惩措施，确保绩效考核能给员工带来影响：或让员工得到应有的奖励，或让员工受到鞭笞，或给员工接受相应的辅导和培训，等等。这样的绩效考核才叫真正落到实地。

3. 选出公正的考核人员，并监督考核的公正落实

无论考核指标多么科学合理，终究是靠人来操作的，如果考核人员不能公平公正地对待考核，对某些员工心存好感，对另外一些员工怀有偏见，那么在考核中，就很容易掺入个人的感情色彩，甚至可能不论员工的表现如何，一概给予高分或低分。这就会严重损害考核制度的威信，影响考核的结果。因此，公司在选择考核人员时，要先对考核人员进行考核，看他们为人是否公正，是否能够摒弃个人成见，从源头上把关绩效考核，保证考核出来的结果是公平公正的。

另外，还应该对考核人员进行监督。比如，在通用电气公司，如果某个部门员工的绩效考核成绩全部为优秀，杰克·韦尔奇会找该部门的经理谈话。韦尔奇并不是不相信员工的能力，而是他怀疑考核体系出了问题。

如果谈话的结果并非考核体系出了问题，那么这个经理将会受到警告甚至被辞退，因为这说明部门经理在考核中弄虚作假了。

很多企业在实施绩效考核的过程中，上下级之间根本没有沟通。绩效考核完全是部门主管在唱独角戏。至于自己是怎样被评价的，评价的结果如何，员工根本不知道，甚至根本不关心，因为没有针对绩效考核设定奖惩措施。这样的绩效考核完全是流于形式，是每个企业都应该避免的。

五、任何时候，业绩都是考核的重点

企业是以追求利润为目的的组织，没有利润就无法存活。而衡量一个员工的工作是否出色，要看他的业绩。业绩好的员工，才是最有价值、最应该获得肯定和奖励的。所以，任何时候业绩都是考核的硬指标，即关键性指标。忽视对员工业绩的考核，而强调其他，就是舍本逐末，就不叫绩效考核。

某信息科技公司每个季度都会进行一次绩效考核。这天，技术部主管将考核成绩公布出来后，李工（姓李的工程师）气势汹汹地找到技术部主管说："为什么我的绩效考核成绩是二级？"李工是个特点很鲜明的员工，工作上很有能力，很有创意，但较少与人沟通，团队意识稍差。在该季度中，他被同事匿名投诉了两次，说他难沟通、难相处。对此，他本人不觉得有什么问题。但未曾想到，却影响了这次考核成绩。

面对李工的质问，主管先肯定了他在该季度的表现："这个季度你做了大量的工作，很多项目都做得超出了我们的预期。这是很值得表扬的。"然后又讲，"李工，你看，这个季度你有两次被投诉的记录，整个部门整个公司，遭到投诉的人很少。所以，综合各方面的考虑，我们给你的绩效成绩评为二级。"

李工马上反驳："这个季度我的业绩有目共睹，如果这样还不能在考核中得到一级，你说谁能得到一级?”

主管解释道：“是啊，你确实做了很多工作，但主要是你有投诉啊，影响多不好。再说，这个绩效考核成绩也不是我一个人决定的，这是大家商议决定的。”

李工愤怒地质问：“大家的看法？你告诉我，除了你参与了绩效考核，还有谁对我的绩效作了评定?”

主管支支吾吾：“这个你无权知道，我也不能说。”

“你别给我来这一套，我们部门的绩效考核就是你做的，除了你还有谁能决定我的绩效考核成绩？我早就知道，你一直看不惯我，对我有偏见，就是想打压我!”

就这样，两人吵了起来……

任何时候，绩效考核都应该以员工的业绩指标为主，其他方面的表现为辅。管理者可以把各方面的指标所占的比重定下来，每次绩效考核时，把各方面的考核得分乘以所占比重，最后的总分处于什么等级，员工的考核成绩就属于什么级别，如下表所示。

表 4-1 员工绩效考核表

考核内容	占比	具体指标	得分	绩效总得分所在的等级
业绩指标	70%			
工作态度	20%			
失误率	5%			
其他	5%			
员工签名：________ 日期：________ 部门负责人签名：________ 日期：________				

值得注意的是，不同的岗位所考核的绩效指标是不同的，因此，具体指标的设定一定要针对各岗位的特点。以销售人员的绩效考核为例，针对业绩设定一些硬指标，销售人员的绩效考核内容主要在以下几方面。

1. 销售额

作为销售员，岗位职责就是尽最大努力卖出最多的产品或服务。销售人员的业绩如何，体现最直接的就是销售额，即卖出了多少额度的产品或服务。

2. 回款额及回款率

销售人员把产品卖出去了，销售行为只进行了一半。如果这笔货款没有及时入账，那么这还不能完全算作业绩。如果销售货款长期不能收回，那将会严重影响企业资金的周转。所以，考核销售人员时，回款额、回款率是绕不开的话题。同时，企业还应和销售人员一起去评估客户的信誉度和支付能力，想办法在合同期内收回货款。

3. 新客户的开发量

衡量销售人员业绩的指标还有开发新客户的数量。销售不能光靠老客户、吃老本，还应不断开发新客户。一个销售员的敬业精神很大程度上体现在开发新客户的数量。因此，企业在设定考核指标时，可以规定销售人员每个月应开发多少新客户。

4. 销售经费额

销售人员在营销过程中，会不断地从企业支取经费。比如，活动经费、宣传经费、出差费用等。对于这些经费，企业一定要有个规定的量，绝不能员工申请多少就满足多少。如果员工花了成千上万的销售经费，却没有拿回相应的订单，那对企业就是一种负担。因此，在考核时，一定要考核销售经费额。对于员工的浪费行为，应采取严厉的处罚措施，对于节约行为，应给予表扬和奖励。

以上只是以销售人员的业绩考核为例，列举了具体应该考核哪些指标。对于企业内不同的岗位，管理者应设定有针对性的考核指标。管理者需要记住一点：考核员工主要看员工做得怎么样，而不是直接评价员工做事的态度。因为态度、责任等概念不能量化，在考核时很容易陷入主观评价中，引起员工的不满。

六、有奖有罚，员工才会自动自发

A老板问B老板："为什么你们的业务员、销售经理一个个都像拼命三郎，而我们的业务员都像寺庙里的和尚，做一天和尚撞一天钟？"

B老板说："因为我们的员工只要创造了业绩，就能获得相应的绩效奖励，多劳多得，而且我们还会给业绩优秀的员工诱人的奖金，所以他们自然会卖力地工作。"

B老板一语道破了绩效考核的意义：要想让牛干活，就得给牛草吃；要想让牛干活多，就得让牛吃得饱。这是一个很简单的道理，每个管理者都明白。要想员工努力工作，创造更好的业绩，企业就要给员工心动的奖励，包括绩效奖金和特别奖金，让员工觉得有奔头。相反，如果干多干少差不多，干好干坏差不多，员工自然不会卖力地工作。

举个很简单的例子：假设一个分公司经理每年只能做2000万的业绩，而你想他每年做3000万、4000万，甚至7000万，他觉得很难，认为自己做不到，你该怎么办呢？很简单，你就问他："今年你是想要奥拓，还是要本田，还是要奥迪？"如果他能做到3000万的业绩，年终奖励他一辆奥拓（或相应的钱），如果他能做到4000万，就奖励他一辆本田，如果他能做到7000万，就奖励他一台奥迪。如果他想要奥迪，那么他就会把7000万业绩带来的压力、挑战、痛苦转化为拥有奥迪的快乐。

俗话说："重赏之下，必有勇夫。"奖励是激发员工积极性的重要筹码。在公平合理的奖励制度下，员工才会安心地为自己的薪酬打拼，也就是为企业打拼。如果员工能够凭借自己的业绩在企业中获得满意的收入，他们就不会轻易跳槽了。除了给员工诱人的奖励，还应给员工相应的处罚，以防止出现不思进取、滥竽充数的南郭先生。

柯达公司是世界上最大的影像产品生产商，其全球副总裁叶莺曾经说过："如果你到日本人家里去，你就必须脱鞋，不管你脚上的鞋多么贵重，即便你连地都没有沾，你都要脱鞋。这是一个入乡随俗的规矩。"

针对员工必须遵守的行为规范问题，这位世界500强的首位华人女性总裁有非常鲜明的观点，她说："如果你到我柯达的'新房'，你必须听我柯达的声音，这是必须的。"她还说过，"你要玩我的游戏，你就必须遵守我的游戏规则"。

在叶莺的游戏规则中，有一种惩罚是罚款。就像价格手段永远是促销产品的最佳法宝，罚款是对员工最好的制裁。因为罚款会直接触及员工的经济利益，故它是仅次于辞退、降职、降薪的严厉处罚。

叶莺认为，当员工违反了公司的制度，违反了她的游戏规则时，必须予以相应的处罚。由于人们对经济利益非常敏感，因此当惩罚的内容包含了有损于员工经济利益的内容时，会引起员工非常大的警醒。同样的道理，当员工有出色的表现时，柯达公司也会用金钱奖励策略激励员工，这对提高员工的工作积极性有非常大的帮助。

处罚除了直接扣钱，包括扣绩效工资、扣年终奖、扣全勤奖等，还有通报批评、降职等。对于原则性的错误，或给企业造成巨大损失的情况，甚至可以直接辞退员工。当然，具体设置怎样的奖惩标准，奖励什么，惩罚什么，企业还要根据自己的实际情况来定。对员工实施奖惩时，需要注意以下事项。

1. 奖励要根据员工的价值贡献和岗位特点来定

不少企业在制定奖励制度时，往往主观地判断员工的工作基准、贡献的价值，对于员工价值贡献的区分不具体、不详细，制定出来的奖励标准就可能陷入"以点盖面"的误区。简单地说，就是不考虑不同职位的员工的工作情况，采用同一个奖励标准，比如，销售部员工、生产部员工、办公室员工的奖励标准一样，这就很容易引发不满，无法起到激励作用。原因就在于，每个职位上的员工的价值并不相同。所以，在制定奖励标准时，一定要考虑特定职位的具体特点，有针对性地设置奖励标准。

2. 保持单纯的处罚动机，不能为了处罚而处罚

处罚的目的是预防和控制，绝不是为了处罚而处罚，不是为了向员工发泄怨气。因此，在处罚的时候，一定要让员工知道自己错在什么地方，违反了哪条公司制度。有些管理者为了处罚而处罚，甚至为了泄一己之愤而处罚员工。在处罚之后，不与员工谈话，不指出员工的错误，不对员工进行教育。这样的处罚就容易流于形式，起不到应有的作用。为了避免这种情况发生，管理者一定要保持纯粹的处罚动机，并重视纠正员工的错误。

3. 鞭子要重重地举起来，然后轻轻地放下来

美国法律以严厉著称，比如，对严重破坏社会治安者，可能会判处90年的有期徒刑。这是不可思议的。尽管法律这条鞭子重重地举了起来，但打下去却比较轻。对于服刑期间有悔过自新表现的犯人，美国法律会给他们减刑，甚至可以假释出狱。出狱后的犯人，往往慑于法律的威严而很守规矩。

在企业管理中，对于员工的处罚也可以采取“重重地举起鞭子，然后轻轻地放下来”的策略。也就是处罚要严，但在执行时要体现出人性化的方面。比如，处罚员工之后，要持续地关注、指导和激励。对于处罚后表现较好的员工，可以给予他们相应的奖励，以激励他们再接再厉。

七、绩效面谈，为下属指明努力方向

绩效面谈是绩效管理的重要内容，是绩效考核后的重要一环。通过绩效面谈，上司和下属可以针对工作情况进行沟通，找出工作中的优势和不足，并制定相应的改进方案。通过上下级沟通，可以消除认知差异，为下属指明努力方向，同时达到提升团队效率的目的。

身为中层管理者，要重视绩效面谈，并掌握绩效面谈的相关要点，如图 4－4 所示。

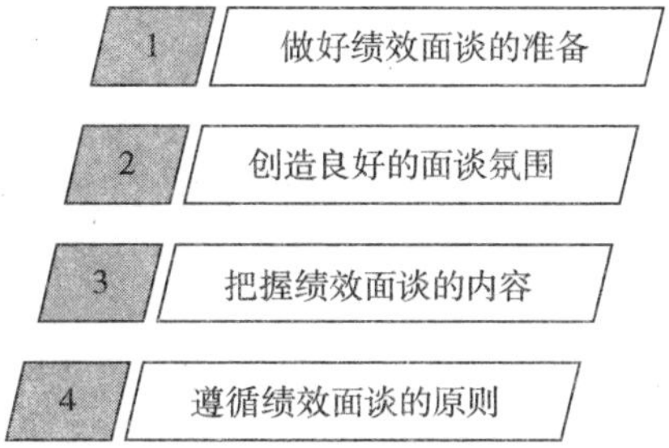

图 4－4　绩效面谈的四个要点

1. 做好绩效面谈的准备

在绩效面谈之前，中层要做好准备。比如，准备好下属的绩效资料、相关事例、数据、填好绩效评估表，思考对下属的建议和期望。提前和下属预约面谈时间，切勿临时找个时间，匆匆忙忙地与下属面谈。此外，中层还应提醒下属做好准备。总结下来，中层和下属分别要做好这样一些准备。

中层要做的准备：

（1）确定一个合适的谈话时间；

（2）选择一个不受干扰的谈话地点；

（3）收集员工绩效资料，准备面谈提纲；

（4）为员工设定下一阶段的绩效目标；

（5）向被谈话员工预约时间。

下属要做的准备：

（1）检查上一阶段工作完成情况；

（2）总结工作成果和表现，并思考原因；

（3）思考哪些方面需要改进；

（4）为下一阶段设定一个绩效目标。

2. 营造良好的面谈氛围

氛围的营造包括环境、声音及道具、座次安排等。与下属进行绩效面谈时，记得关闭手机，同时要补充说明电话太多会影响面谈，这样下属也会自觉地关掉手机，为面谈做好了免打扰的准备。通过这一互动过程，拉近了主管与下属之间的距离。

在座次上，中层最好与下属保持90°直角或并肩而坐（如图4－5所示）。尽量不要面对面坐着，避免给下属造成压力。绩效面谈正式开始前，中层可以先赞扬、鼓励下属，以拉近与下属之间的心理距离，为面谈做好铺垫。这样可以提升彼此之间的信任度，营造出一种轻松、友好的面谈氛围。

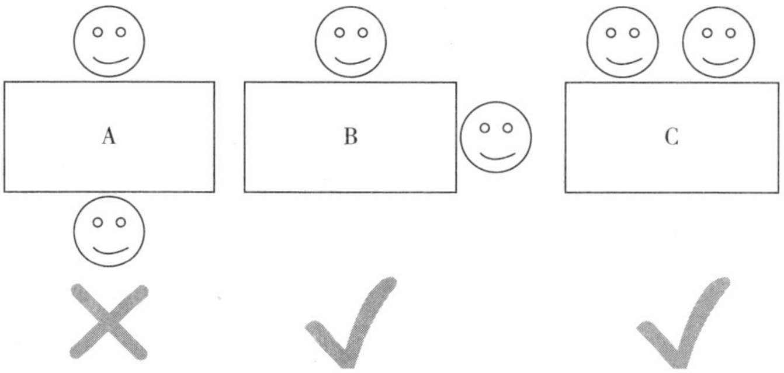

图4－5　绩效面谈时上下级的正确落座方式

3. 把握绩效面谈的内容

绩效面谈的内容一般围绕下属上一个绩效周期的工作展开，主要有以下四个方面的内容，如图4－6所示。

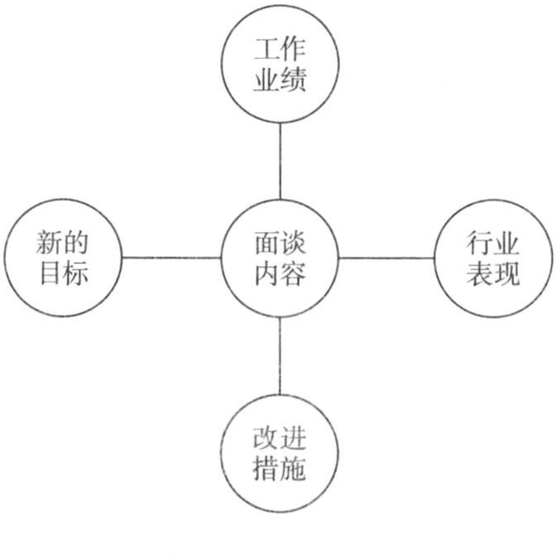

图4－6　绩效面谈的四大内容

（1）工作业绩。

绩效面谈一开始，中层就要针对下属在上一绩效周期所取得的成绩进行面谈。在面谈时要把下属的绩效考核成绩反馈给下属，如果下属对绩效考核成绩有异议，中层可以与下属一起回顾其上一绩效周期的表现，并对照绩效计划和绩效标准，详细地向下属介绍绩效评估的理由。通过对绩效考核成绩的反馈，帮下属总结绩效达成的经验，并找出绩效未能有效达成的原因，为其今后把工作落实到位打下基础。

（2）行为表现。

除了绩效考核成绩之外，中层还要关注下属上一绩效周期的行为表现。比如，工作态度、工作能力等，这有助于帮助下属完善工作技能、提高工作效率。

（3）改进措施。

绩效面谈的最终目的是帮下属改善绩效。在面谈过程中，中层应针对下属未能有效完成的绩效计划，和下属一起分析绩效不佳的原因，并帮助下属提出绩效改进建议以及具体的改进措施。

（4）新的目标。

通过对上一绩效周期内下属的绩效表现的总结和分析，主管可以结合下属新的工作任务，提出下一绩效周期中的工作目标和工作标准，帮下属一起制定新的绩效计划，鼓励下属朝新的目标去努力。

4. 遵循绩效面谈的原则

在绩效面谈时，中层要遵循以下原则：

（1）基于工作原则。

绩效面谈所涉及的是具体的工作，是下属在工作中的一些行为表现，比如：下属是怎么做的，采取了哪些行动与措施，工作落实的效果如何等，而不是讨论下属的性格。性格特点本身没有好坏之分，不应该成为绩效面谈的重点内容。即便中层想指出下属性格上的不足，也应该基于关心员工职业生涯发展的目的，并结合具体的行为表现，而不应该直接指责下属的性格。

（2）具体客观原则。

绩效面谈要直接具体，不能作泛泛之谈，也不能谈得太抽象。对于中层来说，无论是赞扬下属还是批评下属，都应该有具体客观的事实依据，使下属明白哪些地方做得好，哪些地方存在不足。这样既有说服力，又能让下属明白中层对自己的关注。如果下属对绩效考核成绩不满，或有质疑的地方，可以向中层进行申辩或解释，但也需要拿出具体客观的事实作为依据。这样双方才能针对具体的事实进行交谈。

（3）充分互动原则。

受思维习惯的影响，中层在绩效面谈中往往是主导者，是发话者，下属处于被动接受的角色。这不利于双方深入地交谈。因此，为获得下属的真实想法，中层应鼓励下属多说话，充分表达自己的观点。然后，再针对下属的观点进行交谈。这样双方才能充分互动起来。

（4）深入分析原则。

绩效面谈需要指出下属的不足，但不需要情绪化的批评。中层应立足于帮助下属改正不足之处，指出绩效不理想的原因。比如，从了解下属工作中的实际情况和困难入手，分析绩效未达成的种种原因，并给下属辅助和建议。这样下属就很容易接受中层的建议。

（5）相互信任原则。

绩效面谈是管理者与下属的双向沟通过程，目的是使双方对绩效考核结果达成一致的认识，并对下一步工作提出改进意见。因此，双方应该本着互信的原则，开诚布公地交谈。如果没有信任，面谈时双方就容易感到紧张、烦躁，不敢放开说话，或充满冷漠、敌意。

为了营造互信的氛围，让下属敞开心扉，中层应尊重下属，多倾听下属的观点和想法。在沟通具体问题时，多站在下属的角度，设身处地为下属着想，勇于当面向下属承认自己的不足与过失，努力赢取下属的理解与信任。

相互信任的原则还表现为，在绩效面谈结束时，中层应对下属做出正向激励，对下属表达信任的态度。比如，对下属说："我相信你可以变得更出色！"使员工在接下来的工作中保持自信和热情。

下 篇

制度、流程、标准落地全案

第五章

胜在制度：一切管理都是从制度开始的

制度是管理的工具，如果没有这个工具，管理就失去了考量的标准，无从谈起。因此，如果想提升企业管理水平，获得理想的管理效益，务必保证先有一套科学合理的企业制度。要知道，一切管理都是从制度开始的，先定制度，再谈管理；没定制度，别谈管理。

制度是管理的工具，如果没有这个工具，管理就失去了考量的标准，无从谈起。因此，如果想提升企业管理水平，获得理想的管理效益，务必保证先有一套科学合理的企业制度。要知道，一切管理都是从制度开始的，先定制度，再谈管理；没定制度，别谈管理。

一、管理是从制度开始的

为什么开车的人都愿意走高速公路？因为高速公路能提高交通效率、节省时间。为什么高速公路能提高交通效率、节省时间呢？很多人可能会说：因为高速公路的路面质量好。其实，高速公路的优势不在于路面质量这个硬件上，而在于它的管理方式上。

众所周知，高速公路采取封闭式管理，车辆不能随便调头、停车。通俗地说，高速公路的“高速度”是靠多个“不能”的制度来实现的。很多老板抱怨公司的效率低，究其原因，就是缺少了“不能”的制度，或虽有“不能”的制度，却形同虚设，没有落到实地。管理者完全凭个人经验去管理，而每个人的经验又不一样，所以管理就特别混乱。

武汉有一家公司，我去走访时，看到它只有一个生产车间和一条流水线，但它却有与生产车间一样大小的三间仓库，里面堆放着大量的原材料和半成品。

经了解得知，该公司之所以原材料和半成品堆积如山，就是因为采购方面太随意。谁都可以给采购员下单，老板可以下单，老板娘也可以下单，厂长、车间主任、销售主管都可以下单。甚至没有下单，也可以先让采购部门把原材料买回来。采购流程太随意，失去了控制，最终造成仓库的原材料越堆越多，公司的大量资金挤压在原材料上，导致流动资金不足。

除了采购随意，生产方面也很随意。接到张老板的订单，生产部门就给张老板生产产品；期间又接到陈老板的订单，生产部门又因为陈老板的货着急要，而暂停生产张老板的产品，转而给陈老板生产产品。关于生产部门的交货时间，公司也缺乏硬性规定，哪个客户要货急，哪个业务员催货急，就给哪个客户先生产产品。

为了提高采购效率，降低采购成本和仓储成本，减少资金积压，我建议该公司制定明确的采购制度，规定谁能下单，每月什么时间统一采购、每次采购的数量。因为如果没有这些规定，采购员就会有许多选择，张三叫他买材料他答应，李四叫他买材料他也答应；今天可以下单，明天也可以下单；每次采购原材料，可以买 300 吨，也可以买 700 吨。这样就会严重增加仓储压力。

为了提高生产效率和交货准确率，我建议该公司制定明确的生产制度，规定先接单，先生产。生产完毕，再进行下一位客户的产品生产。决不允许“谁催货急，就先给谁生产产品”的情况发生，也不允许“只生产个半成品就堆积在仓库”的情况发生。

通过一系列的制度建设，该公司原材料和半成品大量堆积的现象不见了。原来三个仓库，退租了两个，只剩下一个，省下了一大笔租金。同时，由于原材料积压现象不存在了，公司资金积压于原材料上的情况也不存在了，公司用于经营运转的流动资金多了很多。另外，公司的生产效率提高了，交货准时了，在客户那里的口碑也大大提升了。

这个案例告诉我们：管理是从制度开始的，没有科学规范的制度，就不可能把企业管理好。换言之，管理者只有根据企业的实际情况建立一套科学而行之有效的制度，并且让制度得到不折不扣的落实，企业的管理效率才会提升。

俗话说："国有国法，家有家规。"每个企业都要有一套科学的行事标准和办事规矩，即制度，它的最大作用就在于维持企业内部的秩序。制度本身是一种规范和约束，有了规范和约束，企业才会秩序井然。

1. 制度要立足于实际，保证科学规范

企业只有拥有科学的制度，员工在做事的时候才有章可循，才能在正确标准的规范下落实工作。在制定制度的时候，管理者切勿照搬照抄别人的制度，而要立足于企业实际情况，结合当前发展需要定制度。既不能把制度定得过于苛刻，也不能把制度定得过于宽松。因为太苛刻的制度会让员工感到压力巨大，不利于工作的开展；而过于宽松的制度，不能给员工约束，容易让企业陷入一种混乱的状态中。

2. 以身作则，管理者要带头落实制度

珠海市精盾安保服务公司的董事长兼 CEO 陈洁波谈到企业管理时说："公司采用的正规化的制度管理，看似不讲情面，但对于维持整个团队的良性运转却能起到积极的作用。要求员工做到的管理者首先必须先自己做到，管理者按制度办事没有商量，下属自然对制度有敬畏之心，不敢轻易越轨。"

管理者带头落实制度，才能维护制度的权威，才能让员工明白"制度面前、人人平等"不是一句空话。在这种情况下，制度的公平性才能体现出来，制度的约束力才能发挥作用，促使每个人调整到最佳的工作状态。

3. 严格遵循制度规定，按制度去办事

制度的存在就是在告诉企业中的所有人，领导说的不算，而是制度说的算。不论出现什么情况，制度都是评判对错的重要标准。当员工的行为违反了制度规定时，应按照相应的制度规定去处理。比如，员工不遵守公司的安全生产规定，进出车间不戴安全帽、不佩戴胸牌，或不遵守公司的着装规定，都应按照相应的条例进行处罚。通过这种举措，可以维护制度的威信，强化员工对制度的敬畏之心，让制度更好地发挥规范作用。

二、好制度要简单、实用、抓重点

很多管理者都知道制度的重要性，为了体现出对制度的重视，他们不知不觉走上了一个极端：以为制度条款越多，条文越长越好。但实际上长篇大论的制度看起来很丰满，实际上却很骨感。丰满的是外表，那叫臃肿；骨感的是内在，那叫没内容。

德克福图书公司曾制定了一项制度，规定员工上班第一件事必须看报纸，而且还要看30分钟，看完之后才能继续工作。在这段时间内，员工如果做其他事情，将被视为违反制度，轻则受到领导批评，重则甚至会被处罚。

看什么样的报纸呢？公司规定，只要不是娱乐报纸、体育报纸就行，也就是说要看大型综合性的报纸。公司之所以这么规定，是因为他们是图书公司，通过看报纸可以了解社会动态、关注民生民情，有助于开拓员工们的创作思路、激发员工的创作灵感。

但是该制度出台后，员工中的反对声颇多，原因是大家认为这种了解社会动态的方式太单一，太狭隘。要知道现在是网络时代，上网看新闻比在报纸上看新闻来得更快，了解的信息更多。而且上网看新闻还能省掉订购报纸的费用，可谓是一举两得。

另外，了解社会动态，还有很多方式，不一定非要看报纸，而且有些员工可能不喜欢看报纸。一份报纸要看30分钟吗？这恐怕不一定，有些员工阅读速度快，可能10分钟就看完了，那么剩下的20分钟，你让他干什么呢？所以，这会造成时间的浪费。

由于存在这些不足之处，该项制度并未得到有效的落实……

当企业把制度变成空洞无物的长篇大论时，我只能说管理者把制度搞得太复杂了，忽视了制度的工具性作用。其实，真正的好制度是简单、实用、抓重点的，如图5－1所示。

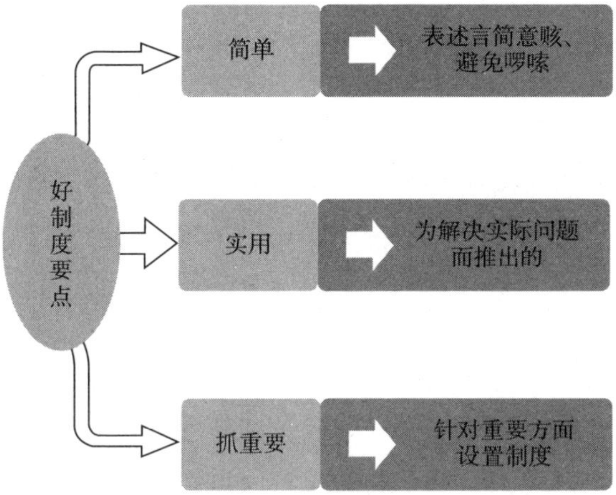

图5－1　好制度的三个要点

1. 简单——表述言简意赅，避免啰嗦

出台一项制度，是为了让大家遵守。如果表述太啰嗦，就会削弱制度的通俗性，不利于大家理解和执行。比如，制度开篇就要讲明出台该项制度的目的，往往一两句话就可以表达清楚，根本不需要废话连篇。例如，用“为了……目的，特制定本制度”即可，或用“根据……要求，特制定本规定”亦可。

国内外著名的企业，它们的制度都非常简单具体，应该怎么做，不应该怎么做，一目了然。比如，日本东芝公司规定：严禁女员工擦粉，男员工必须刮干净胡子；操作机器时，禁止说话、咳嗽、打喷嚏，以防空气振动，扬起尘埃。正因为有如此细致、具体的规定，东芝公司制造的电子产品才会品质高端、精致。

美国格利森齿轮机床公司的制度规定也很具体：只要进入车间，不论路过还是干活，必须佩戴安全帽，穿硬底皮鞋，并且要把领带掖在衬衫里面。如果有人不遵守安全制度，将会受到严厉的处罚。

青岛海尔公司，规章制度也十分具体明确。海尔公司发展初期，有一个很有名的“13条规定”，每条规定都非常具体。包括上班不准迟到、不准织毛衣、不准在车间内随地大小便……这些在现在看起来很琐碎、细小的规定，在当年一个个针对的却都是海尔公司的要害问题。

需要提醒的是，在出台制度时，切不可玩“文字游戏”。对制度条款的表述越简单明确、通俗易懂，越容易理解越好，因为被理解的东西才容易被遵守。试想，如果从制度条款中，大家非常清楚什么行为是符合制度规定的，什么行为是制度不允许的，那是不是大家落实起来就容易得多呢？

2. 实用——为解决实际问题而推出

有些企业出台的制度实用性不强，甚至照搬照抄别人的企业制度，结果导致水土不服，不但解决不了企业的现实问题，反而会衍生出一系列问题。其实，制度没有最好的，适合本企业的才是最好的。适不适合本企业，关键看能不能解决企业现存的问题，也就是要考虑其实用性。

公司出现了什么问题，就要针对这些问题出台相应的制度，以便解决问题，这就叫实用。比如，公司的生产事故频繁，针对这个问题，出台一项安全责任和事故防范制度。再比如，公司的产品质量问题层出不穷，针对产品质量问题，出台一项产品质量管理制度。

3. 抓重点——针对重要方面设置制度

有些制度条文中列举了大量无关紧要的内容，削弱了制度重点内容的分量，这是很明显的“喧宾夺主”。细枝末节多了，既不便于理解记忆，也不便于执行。员工可能糊里糊涂，不知道公司的葫芦里卖的是什么药，执行起来就很容易走样。

想要避免这种错误，管理者就应该搞清楚制度设立的目标，把最重要的目标提炼出来，然后针对这种目标去拟定条文，与这个目标关系不大的内容，绝不写入制度中去。这样就避免了舍本逐末的情况发生。

三、合法是企业制度的基本要素

有一句歌词：我的地盘我做主。意思是在我的地盘，就得听我的，就得按我的规定去行事。用这句话来形容企业规章制度，可谓十分贴切。不少企业老板和管理者认为，企业是我的，我想怎么定制度就怎么定制度，谁看不惯可以走！在这种自大狂妄的心理作用下，不少企业所制定的制度中存在与国家法律冲突的条款。

胡先生是一家民营企业的人力资源主管，他工作认真负责，好学好问，乐于助人。特别是对于新入职的员工，他会非常热情地协助他们解决工作上的问题。大家有问题，都会找他帮忙，胡先生的表现也得到了老板和同事们的一致认可。

可是胡先生也很烦恼，因为经常有新入职的员工找他咨询公司的社保、带薪休假、加班工资等问题。胡先生心里很清楚，公司并没有相关完善的福利制度。即使是国家规定的相关福利条款，公司也没有遵守，如五险一金、带薪休假、加班工资等，几乎没有。

胡先生把这些情况汇报给老板，老板一直没有答复。胡先生又追问了几次，老板最后对他说："我们公司在同行里，给员工的待遇已经算是比较好的了，别跟我提什么福利，每个月能按时发工资，过年过节能给大家发礼品、红包，就已经很不错了。"

诚然，人在屋檐下，不得不低头。员工为企业打工，对于企业不合法的制度规定只能忍气吞声，即使有怨言也不会表达出来。可如果有一天，员工与企业发生利益冲突，甚至闹到法庭时，企业恐怕要以败诉收场，以赔偿员工利益损失而告终。所以，企业明智的做法是，确保制度的合法性，这表现为以下三点，如图 5 –2 所示。

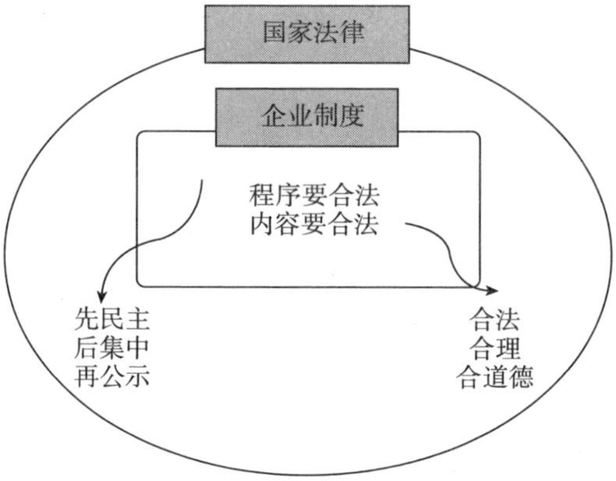

图 5－2　企业制度合法的表现

1. 以相关法律为依据制定企业制度

例如，《中华人民共和国劳动合同法》第四条规定，用人单位应当依法建立和完善规章制度，保障劳动者享有劳动权利和履行劳动义务。《中华人民共和国公司法》第十八条规定，公司研究决定改制以及经营方面的重大问题、制定重要的规章制度时，应当听取公司工会的意见，并通过职工代表大会或者其他形式听取职工的意见和建议。

2. 制定企业制度要走合法的程序

在制定企业制度时，应走合法的程序：

（1）先走民主程序。

《中华人民共和国公司法》第十八第二款规定："公司依照宪法和有关法律的规定，通过职工代表大会或者其他形式，实行民主管理。"第三款规定："公司研究决定改制以及经营方面的重大问题、制定重要的规章制度时，应当听取公司工会的意见，并通过职工代表大会或者其他形式听取职工的意见和建议。"这就是公司制度出台的民主程序，即要广泛征询员工意见，让大家参与到制度的制定中来。

对于企业来说，让员工参与到企业规章制度的制定中来，并不只是为了符合法律的规定，更重要的是，通过这种举措可以激发员工的参与意识，让员工感受到企业的尊重，从而激发员工的主人翁意识，这对员工是一种精神激励。

（2）后走集中程序。

在听取职工代表或者职工的意见和建议后，企业高层管理者应与工会或职工代表平等协商确定最终的制度条款。

（3）企业制度出台后，应向员工公示。

所谓公示，就是在制度制定完毕之后，要广泛告知员工，让大家知晓制度的具体内容。这样大家才知道公司的期望，才知道什么该做，什么不该做。否则，员工违反了制度自己却浑然不知，等到被公司处罚时才知道，这对员工来说显然是不公平的。

向员工公示或者告知员工，这是制定规章制度中最重要的一步。《劳动合同法》第四条规定：通过民主程序制定的规章制度，不违反国家法律、行政法规及政策规定，并已向劳动者公示的，可以作为人民法院审理案件的依据。

公示的方式有很多，比如，在公司网站上公布，用电子邮件通知全体员工，在公司的公告栏张贴告示；给员工发放制度手册；进行规章制度的相关培训；针对规章制度进行考试；把公司制度作为劳动合同的附件等。

3. 制度内容要合法、合理、合道德

企业所定的规章制度，既要符合法律的规定，也要合法、合理，还要符合社会道德。因此，在制定制度时，应召开职工代表大会或者全体职工大会，与职工代表大会或者全体职工进行讨论协商，并保存好会议记录，会议结果还要有参会代表的签字确认。具体来说，企业制度的合法性、合理性和符合社会道德的具体表现为：

（1）企业制度要符合《劳动法》第四条的规定，这是企业规章制度能够被法律认可的前提。不得违反法律法规强制性规定，比如，最低工资标准、休息休假规定、工资发放、劳动安全卫生保护，等等。

（2）企业制度的各项条款不得与《劳动法》及《公司法》有冲突。如果企业规章制度的内容违法，企业将自行承担相应后果。比如，企业给员工造成损失的，应当承担赔偿责任。员工可以随时解除劳动合同，并要

求企业支付经济补偿。另外，不合法的企业制度不能作为劳动争议案的依据，一旦被员工起诉，企业将陷入被动。

（3）企业制度不得违反公序良俗。中华人民共和国《民法总则》多次提及公序良俗。如第八条规定，民事主体从事民事活动，不得违反法律，不得违背公序良俗。第十条规定，处理民事纠纷，应当依照法律；法律没有规定的，可以适用习惯，但是不得违背公序良俗。第一百五十三条规定，违背公序良俗的民事法律行为无效。

四、合理的制度应兼顾公平和效率

有一家企业制定了一项奖励制度，该制度规定：如果员工加班到晚上7点（正常下班时间为5点半），可以获得10元的餐补；如果加班到晚上9点，公司可以报销打车费用。

该奖励制度实施一段时间后，管理者发现：原来很多在正常下班前能完成的工作，员工居然拖到下班之后来完成。有些员工明明下班前已经完成了当天的工作，他们还坐在那里，熬到7点甚至9点。

公司一位中层管理者亲眼看见，有几个下属明明下午5点已经完成了工作，但下班后却迟迟不走，而是上网看新闻、聊天，直到7点，在加班单上签字，才收拾东西回家。

看到这个案例，也许有人会说：“这些员工素质真差，喜欢钻公司制度的空子。”但是，从另一个角度说，一项制度如果有空子可钻，那说明该制度存在不足。要知道，人性是趋利避害的。谁让公司的制度不完善呢？

另外，公司只是规定：加班到7点可获得餐补，加班到9点可获得车补。至于如何鉴定员工是否需要加班，公司并无具体标准。所以，我们没必要指责员工钻制度的空子，而应该反思制度本身的问题，分析问题产生的原因，并完善相应的制度条款。

1. 明确出台某项制度的初衷和动机

企业出台一项制度，究竟是为了什么？初衷是什么？动机是什么？出发点是什么？想要达到什么样的效果？先把这些问题考虑清楚，再去定制度，才能有效防止制度跑偏，舍本逐末，引发新一轮的问题。

现在有些企业，在没有考虑清楚出台某项制度的出发点时，就急着出台制度。结果员工不理解制定制度的初衷，想当然地执行制度，使制度落实的效果大打折扣，而且无形中还钻了制度的空子。这一点在上面的例子中就体现得十分明显。

原本公司推出加班餐补、车补的奖励制度，是为了激励大家当天工作当天完成，不拖延本职工作。可由于管理层在出台制度时，没有考虑到这项制度的出发点，以及该项制度规定可能产生的一些影响，结果员工在落实制度时走偏了。

2. 制度的设置应该以追求效率为目标

制度是维护公平、对谁都适用的规则，它本身就是公平的象征符号，但并不是每个制度都能起到提高效率的作用。上面的那个例子就没做到，有些员工上班期间不好好工作，而是把工作留到 5 点半之后来做，显得自己很勤奋、很敬业。这样一来，制度就成了推动员工拖延、虚伪的帮手，也成了员工故意浪费时间去赚取 10 元餐补的一种动力。

试问，这是公司想要的结果吗？显然，公司出台这项制度的初衷是想让员工做到当日事当日毕。虽然目标很明确，但由于用错了激励方式，才会误导员工错误地执行制度。正确的制度条文应该这样规定：

每个月完成规定的工作任务的员工，获得相应的奖励，没有完成规定工作的员工，要接受相应的处罚。这样一来，员工就会自觉地考虑如何完成本月的工作任务，根本不需要管理者再制定制度鼓励员工加班，并针对加班行为进行补助。

3. 好制度应该以保护实干者为出发点

不少企业都存在上面案例那种类似的情况，公司的制度保护的不是积极实干者的利益，而是为偷奸耍滑者提供便利。比如，公司的奖励制度只奖励表面上勤奋工作的员工，而忽视那些追求效率的员工。

曾在一个企业论坛上，看到过这样一个帖子。一位网友反映，他们公司老板喜欢员工加班，因为老板认为加班的员工才是最敬业的。如果谁下班准时离开，老板就认为他不敬业，认为他责任心不强。公司有一名员工，工作踏实努力、十分注重效率，每天都能高效地完成工作，下班时间一到，他就收拾东西离开公司。

可是，老板居然背地里和一位中层干部表达对该员工的不满，说该员工下班最积极，不是好员工。而那些忘我加班，下班了还舍不得离去的员工，才是最让老板感到安慰的。为此，他制定相关激励制度，对工作忘我、经常加班的员工予以奖励。

听到这个故事时，你是否感到非常可笑呢？一个企业老板，对员工没有正确的评判标准，出台的制度甚至都在伤害高效的实干者，保护低效的敷衍者。这是极不公平的。常言道："效率是企业的生命!"这句话每位管理者都会说，也经常挂在嘴边。可是如果企业制度不能兼顾公平和效率，该企业还有什么希望呢？

五、制度要严谨，不能朝令夕改

人们常说没有规矩，不成方圆。对于一个企业而言，规矩就是各种规章制度，它是公司员工的行为准则和努力的目标。在短时期内，不应该频频变更，增减条款，变换原则，否则会让员工无所适从，从而对企业丧失信任。到那时，管理工作就很难展开了。

何为朝令夕改？顾名思义，就是早晨下达的命令，晚上就改变了，让人无所适从。关于制度朝令夕改，先看一个案例：

有一家企业在管理制度上经常朝令夕改，老板今天心情好，可能会出台一项福利制度。实施没几天，当他发现这项福利制度会严重增加公司经营成本时，可能会废除这项制度。理由很简单："前几天的那项福利制度我没有细想，需要进一步研究决定。"

曾有一次，公司计划出台一项绩效考核制度，但是这项制度反复更改了五六次，最后还是缺乏合理性，没有明确的考核指标。或许是因为这些原因，公司的员工频繁流动，团队没有凝聚力，制度没有影响力。

出台制度不是过家家，不能想一出是一出，否则将会危害重重，如图 5－3 所示。

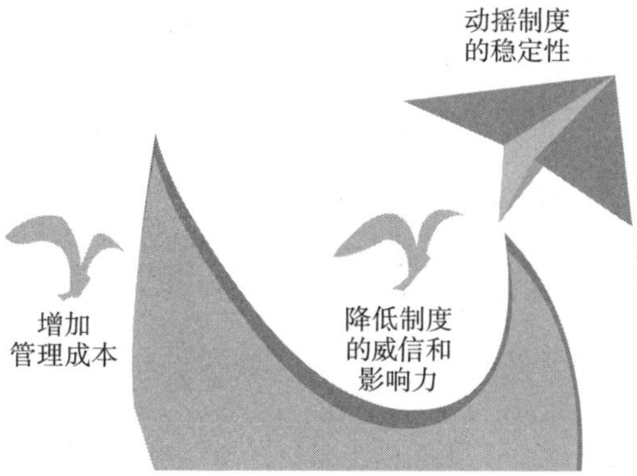

图 5－3　制度朝令夕改的危害

首先，朝令夕改会直接动摇制度的稳定性。

一项制度发挥作用，是建立在稳定的基础上的。也就是说，要想看到一项制度是否起作用，要给它一段时间去实行，考察在实行制度的这段时间，公司的问题有没有解决。如果管理者没有耐心，制度出台三天，见效果不明显，就立马换掉，再出台一项制度，这样再好的制度都发挥不出作用和价值。

其次，朝令夕改会降低制度的威信和影响力。

管理者在出台制度方面朝令夕改，会使员工对制度产生困惑，难以理解和把握制度的要点，从而对制度产生诸多质疑：这项制度能推行多久？它会不会被取代？它是最佳的制度吗？这样就会影响制度的威慑力和影响力。

再者，朝令夕改会浪费管理者的时间和精力，增加管理成本。

管理者不厌其烦地更换制度，极大地浪费时间和精力，不仅会增加管理成本，还无法提升管理绩效，这是双重的浪费。

为什么有些企业在制定制度时朝令夕改呢？原因主要有以下几点：

（1）追求完美，不断质疑自己。总觉得当前制度不完美，不断质疑，不断更改。

（2）出台制度时考虑不周，比如，可操作性不强，或员工意见大。推行之后，发现问题很多，于是更换制度。

（3）制度缺少前瞻性，管理者抱着“发现问题再修改，遇到问题再更换”的态度来定制度。

针对以上三种原因，要想避免制度朝令夕改，管理者可以从以下三点去努力，如图5－4所示。

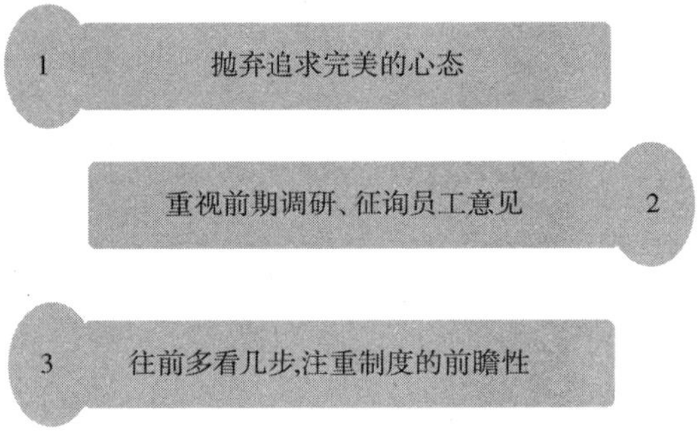

图5－4　避免制度朝令夕改的三个办法

1. 抛弃追求完美的心态

世界上没有完美的制度，只有某段时期内同企业现状相适应的制度。管理者追求完美的制度，是庸人自扰、自找麻烦。在出台制度时，管理者要明确一点：只要制度是合理的，能解决实际发展的大问题，就不必经常去翻弄它。至于细节上的不完美，在制度推行过程中，可以适当“微调”，而不是颠覆性地、本质性地修改。

对于有完美之心的管理者来说，在推出制度之前，最好要有一番深思熟虑。如果没有拿定主意，觉得制度的草案还不完美，那就不要宣布，不要推行。直到管理者觉得制度很完美了，再向公司全体员工宣布推行这项制度。这是防止朝令夕改的最好的办法。

2. 重视前期调研、征询员工意见

出台一项制度要着眼于解决实际问题，因此，一定要从实际出发，注重前期调研，收集相关资料，深入分析制度的可行性。即便是借鉴其他公司的优秀制度，也要思考其是否适用于本企业。另外，要想制度出台后员工积极配合、认真落实，还须在定制度时鼓励员工参与进来，征询员工的意见。这样，大家面对自己参与制定的制度时，遵守的自觉性和落实的积极性会更高。

3. 往前多看几步，注重制度的前瞻性

出台制度就像下象棋，最好能往前多看几步：解决了当前的问题后，可能会出现什么新问题？对于这些新问题，又该采用哪些制度解决？如果管理者每次都能多想几步，保持前瞻性的眼光看问题，就可以很好地避免“走一步看一步”，避免一项制度出台一段时间就被更换掉。

六、与时俱进，适时调整制度

我们强调制度不能朝令夕改，并不是说制度定下来就不能动。毕竟，每一项制度的出台，都是着眼于企业当前存在的问题。旧问题解决了，新问题又会出现，原来的制度可能就失去了作用。因此，制度不是一劳永逸的，自然不能一成不变。当你发现制度已经不适应企业当前实际发展时，当你看到制度存在明显漏洞时，应该适时调整制度，让制度重新焕发生机。

美国著名的企业管理大师艾柯卡，当年在福特公司担任总经理时，曾积极要求创新企业规章制度，但福特公司的总裁小福特思想保守，墨守成规，不想大费周折地改革制度，因此，他与艾柯卡在经营和管理理念上存在不可调和的冲突。最终，艾柯卡离开了福特公司。福特公司在小福特保守思想和陈旧制度的管理下，业绩在70年代末至80年代初步步下滑，最后滑落至亏损边缘。

艾柯卡离开福特公司之后，进入了美国克莱斯勒公司担任总裁。当时克莱斯勒已经在破产线上挣扎，原因也是管理者墨守成规、公司制度陈腐。艾柯卡上任之后，大胆地改革了公司的旧制度，积极创新公司制度，用了不到两年时间，就将克莱斯勒从破产线上拉了回来，使其业绩一路飙升，很快，公司业绩就超过了福特公司。

面对强大的竞争压力，福特公司的管理者痛定思痛，意识到革新公司制度的重要性，通过改革制度，才使福特公司恢复了往日的雄风，保住了自己的市场份额。

克莱斯勒与福特的死而复生告诉我们：公司的管理者一定不能墨守成规，必须在管理制度和生产技术上不断进行创新发展，这样才能为公司构架成功的阶梯。

由于企业不同时期的发展状况有所不同，管理者的心态也大不一样，制度发挥的作用也会有所不同。客观环境的不断变化，必然要求管理者根据不同的情况，寻求解决新问题的方法，适时做出制度上的调整。

1. 对不合理的制度进行修改补充

每一项制度的出台，都致力于解决当时的现实问题。当问题被解决后，企业又会面临新的问题。旧的制度在新的问题面前，已经失去了作用，或作用大减。这就要求管理者废除不合理的制度条款，用新的、更符合现实的制度取而代之。

彪马制鞋厂曾经有这样一条规定：如果车间员工迟迟不能交货，那么，公司就会按照统一方式来征收违约金。但是，厂长发现，员工迟迟不能交货很多时候并不是故意的，而是事出有因。例如，制造过程中发生了一些意外事故等。这时，如果厂里还要坚持这样的制度，那么势必会影响员工的工作积极性。由此看来，这项制度已经不符合工厂的发展，必须要改革。

彪马工厂的管理者经过一番思考之后，觉得确实有必要使制度与时俱进。于是，经过了一系列周密的思考，确立了新的制度：如果车间员工在一个月内不能交货，可以在接下来的两个月之内补上任务量，如果在两个月依然没有按时交货，那么将扣除相关违约金；因自然现象、火灾等无法按时交货的，不予扣除相关薪资；因管理者管理不当或者失误而延迟发货的，则要惩罚相关管理人员，普通员工不予追究。

最终，新制度的修改，不但没有让员工觉得管理者朝令夕改，反而更加尊重工厂管理者，员工的工作积极性也大大提高了。

从彪马冰山一角的管理中，可以看出，一个企业要想永远立于不败之地，管理者一定要解放思想，与时俱进，根据企业发展状况适时调整企业制度，以此满足员工的生产需求。

2. 对不完善的制度进行优化完善

很多上班族打开电脑后，会习惯性地点开杀毒软件，扫描一下病毒，清理一下垃圾，检查一下是否有软件需要更新，是否有安全补丁需要安装，以保证杀毒软件对电脑的防护力度。其实，企业管理者也应该，经常检查和反思制度是否有不完善的地方，然后对其进行修正和补充。

比如，有家公司原来规定：员工当天工作必须当天完成，否则，在公司加班也要完成。后来管理者了解到，有时候员工下班急着回家，你强行留他们在公司加班，他们心不在焉，工作效率很低。于是，公司对原有制度进行了补充：当天工作当天完成，否则，在公司加班，或把工作带回家完成。总之，不准拖延完成。经过这样的补充，一下就让该制度变得更有人情味了。员工都能理解，也能很好地遵守。

3. 制度的调整必须遵循相应的程序

制度的调整和更新必须严格按照“先调查研究后执行”的原则进行，必须多听员工和各级管理者的意见和建议，尽量顾及大多数人的感受和利益。管理者切不可闭门造车，固执己见，因为你对当前制度的看法，不能代表大家的意见。如果你调整和变更的制度不能代表大众利益，没有得到大众的认可，那么这样的制度就很难得到落实的。

第六章

赢在执行：抓好制度落实比什么都重要

管理是从制度开始的，但有了制度并不等于万事大吉，抓好制度落实才是关键。如果制度不能落实到位，再好的制度也是一纸空文，发挥不了任何作用。所以，不要把制度当成神灵一样供着，也不要把制度当成门神贴在墙上，而要把制度作为日常的行为规范守则，一切按制度办事，用制度约束大家。

一、把制度从墙上“请”下来

这么多年来，我见过很多企业，其规章制度一套又一套，大到财务制度、人事制度，小到出勤、领物规定，不可谓不完善。可是企业的问题依然存在，大家不按财务制度的要求报销费用，不按人事制度招聘、晋升人才，不按出勤规定上下班，不按领物规定领取办公物品……制度完全成了花瓶和摆设，没有发挥应有的作用。

曾有一家德国企业收购了我国东北的一家倒闭的公司。很多人以为德国企业会派来很多高层，对收购的公司进行大刀阔斧的改革。可没想到，德国企业只派来一位高层管理者和几位中层管理者。他们来了之后，没有风风火火地改革制度，也没有更换企业人员，而是继续聘用该公司的原班人马。只是他们特别强调制度落实，要求大家严格遵守公司各项规章制度。结果不到一年，这家公司就起死回生了。

这个案例告诉我们：企业破产或倒闭，或出现这样那样的问题，根源可能不在别处，而在于企业制度没有得到百分之百的落实。因此，更换看似不合格的管理者，解聘看似不合格的员工，不如回归制度本源，严抓制度落实。只要制度本身没问题，并且落实到位了，制度的作用就能得以彰显，企业发展才有保障。

美国戴尔电脑公司在不到30年里，一跃成为世界最大的PC制造商。很多人认为，戴尔公司的成功，受益于它的直销模式。但全世界采用直销模式的公司很多，像戴尔公司如此成功的企业并不多。为什么戴尔能独树一帜？其实很简单，因为它充分贯彻落实了公司制度，坚决按制度经营和管理公司。

正如美国畅销书作家保罗·托马斯和大卫·伯恩在《执行力》一书中说的那样："满街的咖啡店，唯有星巴克一枝独秀；同是做 PC，唯有戴尔独占鳌头；都是做超市，唯有沃尔玛雄居零售业榜首，而造成这些不同的原因，则是各个企业执行力的差异，那些在激烈竞争中能够最终胜出的企业无疑都具有很强的执行力。"

毫无疑问，强大的制度执行力是企业的核心竞争力。没有制度执行力，制度就会变成一纸空文，就会失去意义。所以，中层管理者要发挥好制度落实的榜样，坚决把制度从墙上请下来，让制度落到实地。

具体来说，中层在制度落实上，务必做到以下三点，如图 6－1 所示。

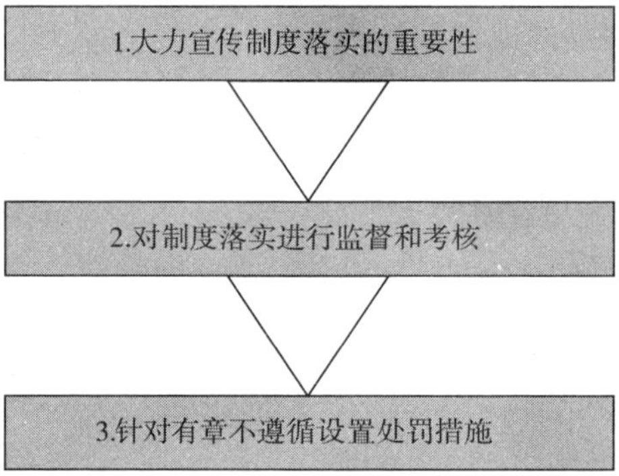

图 6－1　推进制度落实的三个关键

1. 大力宣传制度落实的重要性

制度是企业全体人员行为处事的准绳，按这条准绳去办事，效率自然就高。曾见过两位幼儿园老师带着一群小孩过马路。为了保证孩子们的安全，两位老师让孩子们排成一行，用一根长绳子拉着大家。两位老师在绳子的两端，一个带头，一个垫后。就这样，孩子们纷纷抓住绳子，非常有秩序地过马路。期间，有个孩子的鞋子掉了，但他没有停下来穿鞋子，而是继续向前走，直到过马路之后，才从老师手中接过鞋子穿上。

看到这一幕，不由得让人感叹：孩子们的执行力真强。为什么即使鞋子掉了也不停下来？对于这个问题，老师是这样回答的："因为孩子如果不抓好绳子，不守秩序地过马路，就当不成好孩子，这对他们是最大的惩罚。"

同样，在企业里，如果有人不遵守制度，他就不是好员工。对成年人来说，成不了"好员工"并不算是一种惩罚，但如果中层经常宣传遵守制度的重要性，让大家认识到制度对企业发展、对个人工作效率的作用，并且遵守制度的人可以获得奖励时，大家就会自觉地遵守制度了。

2. 对制度落实进行监督和考核

只监督不考核，监督缺乏力度；只考核不监督，考核便失去行使依据。强有力的监督、考核是推进各项制度落实的锐利武器。对于监督检查中暴露出来的问题，能当场纠正的绝不留到日后去处理；如果复杂问题不能当场解决的，应立即向上汇报，及时研究讨论，制定处理对策。

世界零售巨商沃尔玛有一个著名的商业原则，那就是"日落原则"，即要求沃尔玛的所有员工，当天的事情必须在当天完成，也就是要在日落以前结束当天应干的事情，做到日清日结，绝不拖延。

为了让大家落实日落原则，沃尔玛非常重视监督和考核。对于不能遵守该原则的员工，在绩效考核中将会被扣分，得不到好成绩，继而影响他们的薪酬。所以，大家都很认真的遵守日落原则。

3. 针对有章不遵设置处罚措施

有家公司的一名工人盗窃了工厂的产品，虽然产品数额不大，但负面影响极大。由于这名工人是老员工，平时工作表现不错。因此，部门主管替他说情："反正盗窃的数额也不大，而且他认识到了错误，就给他一个改过自新的机会吧！"

厂长非常生气，对主管说："厂里的规章制度中明确地规定不准偷拿公司财物，并明明白白地写了处理方式，如果有制度不遵守，要制度有何用？"结果，厂长按照制度严厉地处罚了那名员工。这件事之后，公司里小偷小摸的行为减少了很多。

企业制度为什么得不到落实呢？很大的原因是没有具体惩罚措施，或有了惩罚措施，管理者没有按相应的处罚措施来处理违反制度的行为。这样制度就失去了威严，影响力骤减。因此，明智的管理者在出台制度之后，应该坚决维护制度的威严，处罚有章不遵的行为。这样才能扼制不良行为，保障企业健康发展。

二、中层要做制度落实的表率

某公司会议室的墙上张贴着一张醒目的标语：请勿吸烟！开会时员工都会自觉遵守，但有些领导则熟视无睹，无所顾忌地吞云吐雾。

某公司“会议管理制度”明文规定：开会期间，手机要设置静音或振动，禁止接听电话。如有紧急状况，要到会议室外接听电话。一次召开部门会议，会议室内手机铃声、短信声此起彼伏，部门经理高声呵斥：“以后谁再违反会议制度，罚款300元。”话音未落，他的手机铃声响了，只见他若无其事地接起电话：“哦，王总啊，我不忙，你说……”

某公司生产车间门口，安全员提醒前来视察的领导戴上安全帽和口罩，却被一位领导狠狠瞪了一眼：“懂不懂规矩？”安全员见状，马上笑着赔不是。

某公司这天下班时，考勤机旁排起了一列长队，大家都等待打卡下班，没人插队。这时采购部经理走了过来，径直走出公司大门。一位员工见状，小声说：“采购部经理怎么不打卡？”一旁的另一名员工说：“公司领导不用打卡，这都不懂？”

…………

从以上几个例子中，我们可以看到管理者的特权思想，他们把自己凌驾于制度之上，无形中扮演了制度落实的反面教材。如此一来，使制度丧失了公平性，打击了广大员工落实制度的积极性，也引起了大家对管理者的不满。

古话说得好：上梁不正下梁歪。中层是战略落实的中坚力量，是制度落实的排头兵和监督者。中层的表现如何，大家看在眼里，记在心上。要想营造人人遵守制度的企业氛围，中层务必在制度落实方面做出表率，树立榜样。

黄先生是一家公司的销售主管，他多次在开会时要求大家严肃对待会议，认真落实会议制度——不准接打电话，不准玩手机。可是下属好像没当回事，每次接打电话时，下属都有理由："对不起，是一位大客户的电话，很重要，必须接。"

有一次，会议被下属频繁的电话和信息打断，黄先生意识到会议制度得不到落实的严重后果，于是再次重申会议制度，并让人提来一桶水，然后对大家说："从今天开始，谁在会议上接听电话、发短信、玩手机，一律将其手机扔进这桶水里。"

话音刚落，黄先生的手机响了（可能是事先安排的），黄先生毫不犹豫地将手机扔进水里。顿时，整个部门的人员都怔住了。紧接着，又有一个员工手机响了。黄先生走上前，毫不犹豫地将其手机扔进水里。从那以后，开会期间大家都乖乖地关机或设置静音。

企业制度不是摆设，是拿来给全体员工遵守的。中层作为各个团队的领头羊，如果能发挥表率作用，发挥个人对团队的影响力，那么制度的落实就会顺利很多。

1. 落实制度要从小事开始

有些管理者在落实制度时，只重视一些大问题，而不把小事放在心上。比如，上班迟到、开会时接电话、不注意着装穿戴，等等。这些小事看似不起眼，但积少成多，会影响中层的影响力，影响制度的威严。聪明的中层应该严格要求自己，从小事做起去落实制度，这样更容易推动制度的落地。

日本企业家土光敏夫在落实制度时非常注重小事。有一次，东芝电器公司出台了一项关于节约经营成本的制度，内容非常细致，比如，若无必要，不得乘坐公司专车，不得挪用公司现金，等等。土光敏夫牢记于心，实践于行。

这天，东芝公司的一位董事想参观名叫“出光丸”的巨型油轮，土光敏夫去过多次，便表示愿意带路。那天是休息日，他与那位董事约好见面地点。当董事乘公司的专车来到会合地点时，土光敏夫已经等候在那里多时。

董事以为土光敏夫是乘坐公司的专车来的，并且还会乘专车去参观游轮，但没想到土光敏夫却说：“我没乘公司的轿车，我们去搭电车吧！”

听了这话，董事当场愣住了，羞愧得无地自容。

很快，这件事就传遍了公司，全体人员受到了很大的震撼，大家意识到不能浪费公司资源，节约经营成本要从小事做起。

从小事做起去落实公司制度，能够看出中层对待制度落实的态度。当员工意识到领导对待制度落实非常重视、态度积极时，自然也会效仿。这样一来，中层就通过个人的行为，带动了整个团队去落实制度。

2. 制度面前，中层没有特权

企业制度并不只是针对普通员工，而是针对公司全体成员，包括企业高层和中层。因此，制度面前，中层没有任何特权。就像管理大师彼得·德鲁克说的那样：“没有特权的制度是一个企业走向成熟和稳定的重要条件。哪个企业如果在制度上搞特权，那么就等于违背了企业正常管理的模式。”

联想集团有一项制度：谁迟到了谁就要被罚站一分钟。当迟到者被罚站时，会议会停下来，大家看着迟到者，像默哀似的，让迟到者感觉很难受。

联想刚制定这项制度时，第一个迟到的人是柳传志的老领导——原计算机科技处的老处长，柳传志说：“他罚站的时候，站了一身汗，我坐在一边，也是一身汗。后来我跟他说，老吴，晚上我到你们家去，给你站一分钟。但是今天，你必须罚站一分钟。”

同样，就算柳传志迟到了，也绝不搞特殊化。柳传志就曾迟到过三次，也被罚站过三次。他说："我被罚三次其实也不算多，因为我开会最多。有一次，我被困在电梯里，电梯坏了，我不停地敲电梯门，想叫人帮我去请假，最后没人。在这种情况下，我也要被罚站。"

制度面前，谁都没有特权，这是一种平等。IBM公司总裁汤姆·沃森认为，企业的最高管理者可能会犯一种严重的错误，那就是对管理人员和普通员工采取双重标准，当自己或管理人员违反了公司规定，做错了事情时，可能比较宽容地处理，而对普通员工所犯的错误则严厉地处理。这种做法会造成很坏的影响，企业应该毫不留情地把这类管理人员开除。只有在制度面前人人平等，企业的利润才能实现最大化。

三、制度面前没有"下不为例"

中国人好讲人情，在员工违反制度时，管理者喜欢说"下不为例"。可是，有了"下不为例"，就很可能有第二次、第三次违反制度的行为。作为中层管理者，一定要认识到"下不为例"的危害，这种法外开恩的做法会给制度化管理埋下隐患。

看看那些破产、倒闭的企业，它们破产、倒闭的原因是什么呢？也许你会说，是管理者的决策失误导致的，也许你会说是公司产品没有竞争力导致的。但追本溯源，往往是制度不能落实到位导致的。而制度不能落实到位，有一个很重要的原因，就是在落实制度时喜欢对违反制度的人网开一面。

在小说《三国演义》描写的赤壁之战中，关羽在诸葛亮的安排下把守华容道。考虑到曹操对关羽有很大的恩情，为了避免旁人生疑，关羽立下军令状，表示一定要拿下曹操。然而，后来关羽还是在华容道放走了曹操。回来之后，面对其违反军法的行为，刘备站出来为关羽求情，结果这件事不了了之。

当部属违反制度规定时，领导站出来替部属求情，要求网开一面，这种做法会严重损坏制度的威信，降低制度的影响力。管理界有一句名言：一流的制度和三流的执行，不如三流的制度和一流的执行。这句话就是强调制度要落实到位，落实到位的制度才能发挥应有的效力。因此，对待违反制度的行为绝不能姑息纵容，该处罚要处罚，该严惩要严惩，没有“下不为例”。

康佳集团有一位20岁出头的年轻技术员，由于工作上的出色表现，深受领导器重。进入公司没多久，他便得到了提拔，成为一个车间的副主任。在领导岗位上，他的表现更加突出。但是他有一个习惯——爱抽烟，而且烟瘾特别重。可是公司明文规定：禁止在工作场所吸烟。为此，他只好每天上班之前猛吸几口烟，熬到中午吃饭时再抽烟。

一天，这个技术员发现车间的楼梯拐角处比较隐蔽，而且觉得这个地方不算工作场合，是个偷偷抽烟的好地方。于是，他抱着侥幸心理，在上班的间隙来这个地方抽烟。这天他抽烟时，被副总经理撞见了。很快，相应的处理结果就公布出来了：

第一，免去他车间副主任的职务；

第二，罚款；

第三，全公司通报批评。

这件事在康佳集团引起了轩然大波，大家意识到公司制度面前没有任何情面可讲。从那以后，再也没人敢抱着侥幸心理违反制度规定了。

在西方管理学上，有一个著名的“热炉法则”，它将制度比作热炉，认为只要违反制度，就要受到处罚。康佳公司的做法与热炉法则不谋而合，很好地维护了制度的威严。热炉法则有四个特点，如图6－2所示。

预警性：通红的火炉，就像一盏信号灯，提醒大家不要触碰。

必然性：只要你摸上去，必然会被烫伤，所以千万不要有侥幸心理。

即刻性：只要你碰到热炉，瞬间就会被灼伤。

公平性：不论是谁触碰了热炉，都会被烫伤，热炉不辨亲疏，不分贵

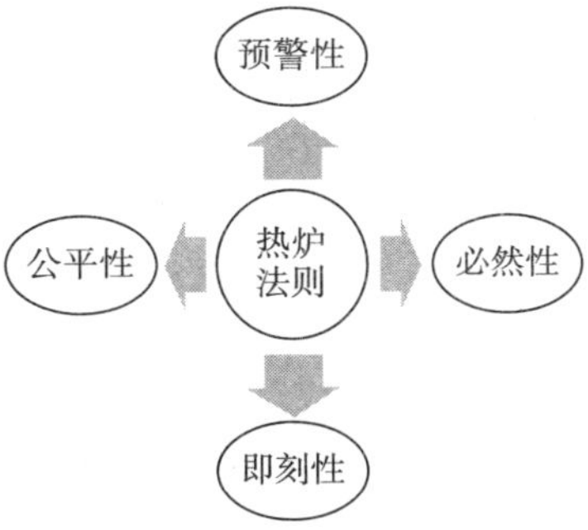

图 6－2　热炉法则的四个特点

贱，一视同仁地对待每个人。

每个企业都有自己的规章制度，这就是企业的天条律令，只要有人违反了它，就要受到处罚。在这些天条律令中，应明确地规定员工该做什么，不该做什么，做了不该做的会受到怎样的惩罚。只有做到令行禁止、不徇私情，才能真正让员工敬畏制度，才能保证制度发挥强大的约束和规范作用，保障企业健康良性地发展。

1. 谁不遵守公司制度，就让谁付出代价

曾有管理者问我："为什么有些员工不怕制度，不把制度当回事?"我告诉他："因为你没有让他尝到不遵守制度的苦头，如果他不遵守制度，你严惩他，而不是纵容他，那么他怎么会不怕制度呢?"

三国时期，诸葛亮挥泪斩马谡，在军中树立了不折不扣地执行制度的楷模。今天的康佳严肃地处理了违反制度的员工，也为现代企业管理者树立了榜样。如果你想管好企业，管好员工，让企业发展壮大，就一定要狠下心来，谁不遵守制度，就让谁付出代价。

2. 严格化与人性化并存，避免伤了人心

在落实制度的过程中，针对违反制度的行为，管理者要考虑制度的严格化和处罚的人性化。既要维护制度的威严，又不能伤了员工的心。

有一家公司规定，员工每个月请假次数不能超过三天，否则，就要扣除当月的全勤奖。有一次，公司一位骨干员工的母亲住院了，该员工连续请了5天假。但是他为了保证完成工作任务，通过其他的时间来加班。最后，他顺利完成了本月的工作。

按照制度，公司扣除了他的全勤奖，但同时老板派人探望该员工的母亲，送上了公司的一份慰问金。因此，虽然公司扣除了他的全勤奖，但他欣然接受了公司的处罚。

这位老板在管理方面，既维护了制度的威严，又做到了人性化的关怀，很好地处理了制度化与人性化之间的关系，使员工心悦诚服。这就告诉我们，执行制度是讲智慧的，既要执行制度，又要发挥聪明才智，巧妙地处理人情化的东西。这样才能真正让员工心服口服。

3. 晓之以理、动之以情，做好制度教育

在按制度管理员工时，有必要对员工晓之以理、动之以情地采取说服教育。这样，即使员工受罚了，也会心服口服，理解公司对他的处罚属于对事不对人，进而对制度产生敬畏，对管理者产生敬意。

当员工违反了制度规定时，处罚员工不是最终的目的。最终的目的是让员工认识到遵守制度的重要性，并认真落实制度。因此，在处罚员工的时候，中层要重视说服教育和思想开导工作，对员工表达仁爱之心，表达人性化的关怀，避免员工因受到处罚而产生不满。

四、制度落实关键在于常抓不懈

你是否发现：在制度落实这个问题上，只要公司管理层严抓，制度落实的情况就好一些；如果公司高层稍微放松一些，制度落实的情况就会差一些。这种情况有点像猫捉老鼠的游戏：猫来了，老鼠就乖了；猫走了，老鼠又开始放肆了。

深圳有一家制衣厂，中午休息时，有些员工三五成群聚在一起赌博。有些员工围观看热闹，开始大家玩得小，但后来就变味了，越赌越大。企业管理者得知这种情况，专门出台制度整顿这种不正之风。制度规定：凡是打牌的，一人一次罚款200元；看热闹的，一人一次罚款100元。该制度出台后，公司中层干部中午经常到车间去巡查，赌博之风得到了很大的遏制。

一段时间没见有人赌博，中层干部们认为不用再巡查了。员工见领导多日不来巡查，带着侥幸心理又开始聚众赌博。为了避免被抓，还安排人放哨。一时间，公司的赌博风气又席卷而来。

针对这种现象，公司高层领导召集中层干部开会，强调制度落实过程中的监督职责，要求中层干部把制度落实当成本职工作，要常抓不懈。如果谁不检查监督，一旦发现他们部门有人赌博，连同中层一并处罚。这项规定出台后，中层们在思想上更加重视抓落实，在行为上注重日常化监督，从此公司再无赌博现象。

对于制度落实中的“猫捉老鼠”现象，中层可能会觉得这是员工素质问题，员工太不自觉了，还要领导天天抓制度落实，才会按制度办事。其实，管理层与其抱怨员工不自觉，倒不如自我反省。因为员工不会做你期望的事，只会做你检查的事。

制度落实做不到常抓不懈，就如同烧开水，水烧到五六十度突然关火，永远烧不开。抓制度落实就要坚持不懈，从制度出台，到制度变成员工日常行为习惯，这期间不能忽紧忽松。甚至就算员工已经把公司制度规定变成了自己的行为习惯，管理层也不能放弃严抓制度落实。在这方面，希尔顿酒店的创始人康拉德·希尔顿堪称典范。

康拉德·希尔顿是美国“旅馆大王”，其服务理念是对顾客保持微笑。老板希尔顿要求员工不论多么辛苦，都要坚持落实这一制度理念。他本人的座右铭就是“今天你对顾客微笑了吗”。

为了把微笑制度执行好，希尔顿不但从自身做起，给员工树立好榜样，还在多年的管理中，积极地走动，积极地监督员工关于微笑制度的落实情况。在50多年的经营管理过程中，希尔顿每天都在各分店之间走动。这样做一方面是亲临执行现场，可以监督员工的执行情况；另一方面也可以拉近与员工的距离，积极倾听员工的意见和建议，给员工带去激励。

每次巡视分店的时候，希尔顿说得最多的一句话就是“今天你对顾客微笑了吗”。他用这句话来提醒员工保持微笑的服务风格。即便在1930年美国经济大萧条时期，希尔顿依然对微笑制度的落实情况紧抓不懈。当时美国80%的旅馆倒闭，希尔顿旅馆也遭受巨大的冲击，但他坚定信念，鼓励员工振作起来。他向员工呼吁：“千万不要把愁云挂在脸上，无论遇到何种困难，都要保持微笑。”

在希尔顿的严抓下，公司的微笑信条得到了贯彻落实。员工以真诚的微笑感动着顾客，给希尔顿旅馆树立了良好的形象。很快，希尔顿旅馆走出了低谷，进入了发展的黄金时期。在添加了一流的硬件设备之后，希尔顿问员工：“你们认为我们还需要添加什么？”员工回答不上来，希尔顿说，“如果我是一位顾客，仅有一流的设备，却没有一流的服务，那么我宁愿去设备差一点但是能见到微笑的旅馆。”

真诚的微笑不仅帮希尔顿旅馆渡过了难关，还给公司带来了巨大的成功。如今希尔顿旅店在全球五大洲有70多家分店，是当今全球规模最大的旅馆业公司之一。

制度执行是一项必须常抓不懈的工作，不能一曝十寒，不能等出了问题才来抓。希尔顿的成功告诉我们：作为管理者，应该长期监督员工的执行情况，决不允许虎头蛇尾、前紧后松、忽紧忽松的情况发生。

具体来说，在抓制度落实方面，中层要注意以下两点：

1. 严抓制度落实的同时，中层要身体力行落实制度

管理者不是制度之外的监督者，在监督员工的同时，还须身体力行落实制度，这样才能赢得人心。比如，“石油大王”洛克菲勒经常强调要节俭，公司还出台了相关的出差住宿的标准与规定。他本人也以身作则，每次外出谈生意时，洛克菲勒总是在住宿价格上与服务员再三商议，最终选择最便宜的房间入住。

服务员颇感诧异。有一次，一位服务员说：“天啊！洛克菲勒先生，您怎么会选择这样的房间呢？要知道，您的孩子们每次来我们这里，可都是选择最昂贵、最舒适的房间的啊！”洛克菲勒说：“这没什么好奇怪的，他们之所以能够这样做，是因为他们有个百万富翁的父亲，而我的父亲却不是。”

2. 经常走动和沟通，了解制度落实中存在的具体问题

严抓制度落实离不开走动和沟通，走出办公室，走入一线，才能获知制度落实的情况。通过与员工沟通，才能了解制度落实中存在的具体问题。比如，造成制度难以落实的障碍有哪些？影响制度落实到位的困难有哪些？当前制度落实的总体情况如何？这些问题只有通过走动和沟通才能了解清楚，然后想办法解决相应问题，推动制度落到实地。

五、制度落实离不开全民监督

在企业制度落实的过程中，鼓励全体员工相互监督彼此的行为，监督大家是否按制度办事，不仅有利于调动大家按制度办事的积极性，还能充分激发大家对企业的责任感和主人翁意识。

海尔公司兼并淮源电视制造厂后，新厂长尤建平上任后，就强调制度的落实要靠全民监督。这天他在吃午饭时，一名工人走到他身边，在他耳边悄悄说了几句话。尤建平马上放下碗跑出食堂，工人们都跟了过去。

只见一辆车厢上盖着大篷布的大货车正要驶离院内，尤建平急忙把那辆大货车拦住了，然后走到车后面，把篷布掀起来，发现车厢里装满了塑胶板。经过一番追问，货车司机终于交代了实情：是某副厂长叫他拉的。

尤建平让人把某副厂长叫来，问清了事情原委。原来副厂长以清理废物为名，将厂里的一些新的塑胶板运到外面倒卖。当时在场的工人都议论纷纷，大为不满。

过了几天，尤建平在食堂的院子里，向大家宣布海尔总部的处理决定：撤销××副厂长的职务。同时，他再次郑重向全体员工宣布厂里的制

度：对于倒卖工厂的物资，从中收取回扣的员工，一经查明，立即辞退。自此，厂里再也没有类似的事情发生，其生产效益也大大提高。

这个案例告诉我们，企业实行全民监督，鼓励群众参与到制度落实中来，就会有许多双眼睛，实现全天候、360度无死角的监督，从而让制度落实中的问题无处遁形。反之，如果仅靠公司几位中层管理者去监督，那么制度落实中出了问题，管理者很难在第一时间发现，更不能以最快的速度解决问题。

那么，怎样才能让员工积极参与到制度落实的监督中来呢？以下几点值得参考，如图6－3所示。

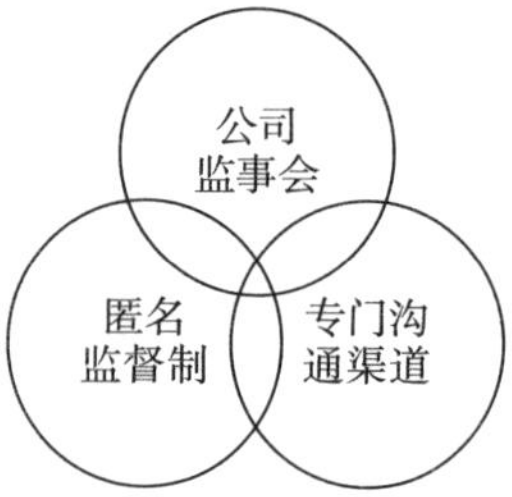

图6－3　推行全民监督的三个方法

1. 选出优秀的员工代表，进入公司监事会

为了更好地监督制度的落实情况，公司可以选出优秀的员工代表，进入公司的监事会。通过规范的机构赋予员工监督的权力，提高员工监督的影响力。在很多德国公司，其监事会都是员工参与制。

据统计，德国公司的监事会有三分之一的人员是普通员工。他们是广大员工投票选出来的，是员工队伍的代表人物，承担着检查和监督的重任，寄托了全体员工和公司领导的殷殷期望。因此，他们往往很珍惜这个角色，做好相应的工作，不会在监督中“和稀泥”，做“老好人”。

一般来说，选入公司监事会的员工，要具备高度的工作责任感、良好的职业精神，且具有较强的工作能力。这样他们在监督过程中，才能有效地分辨对错，履行好监督的职责。

2. 针对制度落实的反馈设置专门沟通渠道

在重大事务的决策过程中，管理者要胸怀坦荡、虚怀若谷，主动走近员工，鼓励员工发表意见、反映情况。这样才能全方面地了解工作的执行情况。在这方面，通用公司前 CEO 杰克·韦尔奇做出了表率。

韦尔奇在担任通用电气公司 CEO 时，致力于打造一家“没有界限的公司”。他把“毫无保留地发表意见”作为全体员工的一条重要工作准则，鼓励大家畅所欲言，积极发表意见，反映一线情况。

韦尔奇每年都会不定期地组织员工召开“畅所欲言会议”。每次参会员工大概在 50～150 人，主持人引导大家坦率地陈述自己的意见，以便找出生产、管理等方面的问题，从而改进管理方法，提高产品和工作质量。

韦尔奇要求各级经理都要参加到基层的“大家出主意”会中，他还以身作则，带头示范，在会议上认真倾听，并及时对员工提出的建议予以反馈。这一活动给企业员工的精神面貌带来了很大改善，也给公司带来了生气，取得了很大成果。

3. 采取“匿名监督制”消除员工心理负担

在实行全员监督制时，员工往往会有一种心理：如果我揭发别人违反制度的行为，会不会遭到对方的打击报复，或引起对方的不满和记恨呢？有了这种心理负担，员工就很难在制度落实方面做到尽职尽责地监督和反馈情况。怎样才能消除员工的担忧，毫无顾虑地履行监督职责呢？

很简单，只须实行匿名监督制，就可以很好地保护说真话的员工。美国联邦快递公司就是采取匿名的方式，通过填写调查问卷的方式，让员工对公司制度的落实和管理层的表现进行监督。

联邦快递公司的员工每年都会收到一份问卷调查，该问卷调查包含 29 个问题，前 10 道题是与个人有关的，如“主管尊重你吗?”，等等。这 10 道题的综合得分形成领导指标，该指标关系到管理者的红利，并占到了管理者底薪的 40%。如果领导指标没有达到预定目标，那么管理者将拿不到红利。

接下来的问题主要调查直属上司的管理态度，最后一题则是问公司过去一年的表现。调查结果出来后，按照不同的团队做成一览表，将各位管理者的得分按照高低排序。综合来说，这份问卷关系到管理者的“钱途”和事业，一旦评分不达标，后果将会很严重。因此，管理者平时要善待员工，善待工作。而对员工而言，他们的监督和评分会影响公司的发展。

有个联邦快递的部门经理曾在一个题为“我的上司供应我们所需的支援吗?”的调查问卷中，只得到14分。在随后召开的讨论会议上，该主管虚心地接受员工的批评和教育。从那以后，该主管开始在部门内部走动，听取员工心声。

在采取匿名制时，公司管理者应做好相应的保密工作。无论员工反映了怎样的情况，给哪位员工或管理者带去了负面影响，公司管理者都应该坚守保密原则，不暴露说真话的员工。如此，才能真正消除员工的担忧，让全员监督制发挥作用。

第七章

流程化作业：各项业务高效运转的秘诀

任何一家企业都需要明确做事程序，即先做什么，后做什么，各环节的工作要达到什么标准，这就是流程。企业的运营管理和业务开展离不开科学、适宜的流程，好的流程能够消除部门壁垒，去除职务空白地带，解决执行不力的顽疾。因此，流程化作业被誉为企业各业务高效运转的秘密武器。

一、没有规范流程，企业将会乱套

有炒菜经验的人都知道，炒菜要按照一定的流程来进行——买菜、洗菜、切菜、准备配料，如葱、姜、蒜等。在炒菜时，也要按照一定的流程去放油、放盐、放鸡精、酱油、醋等。按照这些流程炒菜，用时短、效率高、味道香。

如果不按流程来，不知道是先洗菜，还是先切菜，不知道是先放油，还是先放盐，也不知道该炒多长时间。那么，炒菜时就会手忙脚乱。或是忘了准备葱、姜、蒜，或是忘了放盐、酱油等，炒出来的菜根本没法吃。

其实，各项业务的落实与炒菜是一个道理，都需要按照流程来进行：第一步做什么，第二步做什么，第三步做什么，每一步都有清晰的目标，做起来就不会遗漏。做了第一步，就知道做第二步，整个执行过程就会非常顺畅，效率就会非常高。换言之，流程是由输入和输出连接起来的活动（如图 7－1 所示）。

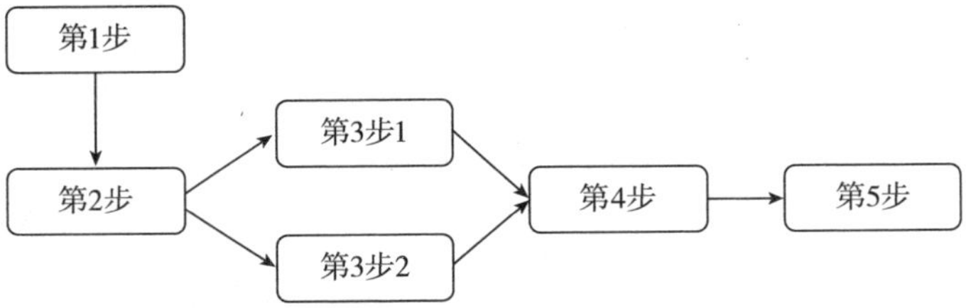

图 7－1　流程模板

按流程去做事，看似死板，实际上却很好地保证了执行效率。中国人脑子特别灵活，善于变通，往往觉得按流程办事有些死板，于是忍不住要些小聪明，有选择地漏掉一些环节，以为这样可以提高执行效率。可结果呢？也许不但无法提高执行效率，反而会惹出麻烦，甚至酿成悲剧。

2009 年 4 月 10 日上午，在太原火车西站派出所附近一家汽车维修铺内，一位工人修理汽车时，由于违规操作导致油箱爆炸，造成一死一伤的悲剧。

后来经过调查才发现，那位工人只是少做了一个动作。据知情人士透露，这名维修工在给一辆卡车焊接油箱时，没有对油箱进行抽气，就迫不及待地进行焊接。结果，因为油箱内残余的汽油挥发，在焊接时遇到高温，发生了爆炸。

这就是不按流程作业造成的悲剧。

波音（中国）公司总裁王建民曾在接受记者访问时被问道："对稳定的追求和对流程的要求是否会导致公司反应迟缓、执行力不足?"王建民回答："按照流程执行是我们不变的方针，虽然这样可能会使反应慢些，但是对流程的严格遵守，正是执行力的体现。"

联想集团董事局名誉主席柳传志十分重视按流程办事，他曾在公司多次强调："员工做事，有流程的一定要按流程办事；流程有问题，那就先按流程办事，然后提出改进建议；没有流程，先按公司文化要求办，然后提出建设流程的建议。"

海尔集团董事长张瑞敏曾花费巨资请麦肯锡团队以 5000 美元一个流程的价格，为海尔再造 2000 个流程；麦当劳的员工从新入职到独立上岗仅需 6 个小时，最重要的原因就是麦当劳将所有的工作都规范地做成了简单实用的流程；万科公司的员工即使是新人，也能够很快地掌握工作要求，并把工作做好，原因也在于万科拥有一套标准完善的工作流程……

也许你会感叹世界 500 强企业的员工执行力超强，其实只要按流程办事，你的下属也能爆发出惊人的执行力。当你的下属从按流程办事中体会到高效工作带来的成就感时，接下去他们就会自觉地按流程去办事。

1. 利用“拉式”策略倒推回去制定流程

世界领先的全球管理咨询公司麦肯锡的一位顾问透露说：“你所要做的事，以前已经有人做过了，把这个人找出来。如果我们能把他的成功经验流程化，然后按照流程执行，就一定可以提高绩效。”这句话很好地说明，流程是从何而来的，那就是从成功者的经验中总结而来的。

在制定流程时，主要策略是从优秀人士的出色业绩中倒推回去，看他们是怎样做事的。然后，将他们做事的整个过程，分成清晰可见的具体步骤，这种方式就叫“拉式”。简单地说，就是先确定管理目标、管理规则，然后由目标延伸去寻找最合适的方法。

曾有一位体育科研人士对世界上夺得110米跨栏冠军的优秀选手进行研究，对他们跑步和跨栏的动作进行细致的分析，将连续复杂的动作分解为简单的步骤，最后设计出一套简明的、可参照的训练流程，用来指导和训练110米栏的运动员，结果运动员的成绩有了显著提高。这就是按流程办事带来的高效率。

2. 督促员工按流程办事并反思流程中的问题

企业要求员工按流程办事，可是员工有那么自觉吗？答案往往是否定的。作为中层，一定要督促员工、监督员工是否按流程办事。对于不能按流程办事的员工，要了解原因，查出真相，反思是流程的问题，还是员工的问题。在这方面，日本丰田汽车公司就做得很好。

日本丰田汽车公司十分强调执行流程，当一件事出现问题时，领导往往会问员工：“你有没有按照标准化工作执行？”在解决问题的过程中，丰田公司的领导通常会对照操作人员的执行流程，一步一步地检查，看员工是否按流程办事了。如果员工没有按流程去做，领导会批评教育员工，要求员工改正工作方式。如果员工完全按照工作流程去做了，还出了问题，那么领导会考虑这些流程是否合理，并加以完善。

二、让员工认清流程化作业的价值

不少管理者反映，公司已经制定了明确的工作流程，可是员工为什么还不按流程去做？对于这种情况，通常原因有两个：一是流程本身不合理，员工不认同这个流程；二是员工自始至终也没有认识到流程的价值。他们觉得流程就是填表单、走形式，很麻烦，认为流程是一种负担。毫无疑问，这个原因是首要的。

假如员工从来就没有意识到流程对落实有多大的作用和价值，那么无论企业制定怎样的流程，员工都会表现得不屑一顾，不以为然。因此，作为中层管理者，有必要帮助下属认清流程化作业的价值。

美国著名管理学家迈克尔·哈默曾这样形容流程化作业的价值："对于21世纪的企业来说，流程将非常关键，优秀的流程将使成功的企业与其他竞争者区分开来。"的确，纵观那些成功的企业，都有一个共同特点，就是持续地审视和改善企业自身的业务流程，不断提升员工的技能和执行力，以保证企业的运营效率，使得企业获得巨大的竞争优势。

具体来说，流程化作业的价值主要体现在如下几个方面，如图7－2所示。

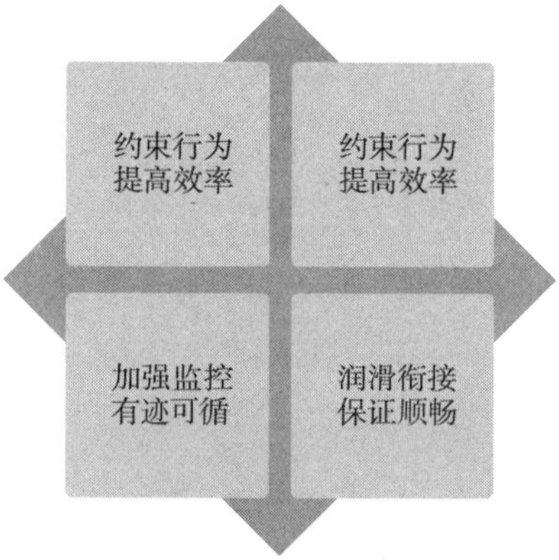

图7－2　流程化作业的价值

1. 约束行为，提高效率

不少企业都存在这种现象：同一件事，不同的人去做，有些人做得比较顺利，效率比较高；有些人去做，就做得比较困难，效率比较低。同一个步骤，不同的人去做，执行效果也迥然不同。为什么会这样呢？因为缺少了规范的流程，导致员工的行为没有约束，员工可以随心所欲，按自己的那一套方法去办事。

流程的最大价值就在于，它能约束员工的行为，从而形成标准化的处理方式。在流程的约束下，员工的执行方法变得规范，最终产生高效。员工越守规矩，越是按流程去做，就越有效率。而且，有了流程之后，对业务不熟悉的员工也能参照流程去执行，这样也能保证其执行力。

2. 规范动作，节能减耗

企业没有流程，就意味着没有规范的动作，也就没办法控制能耗。比如，有些企业在日常工作中，物料消耗很大，这个消耗量是否合理？是否可以降下来？管理者往往没有概念，反正物料用完了，就去仓库领；仓库没物料了，就上报给采购部；采购经费没了，就向财务部申请；财务部见申请理由合理，就下拨经费。

有了流程之后，流程可以帮企业管理物料。因为每个环节的工作，要用多少物料，都有相应的标准。多用了就是超标了，少用了就是不合格，只能按标准去做。这样就可以在保证产品质量的同时，确保物料物尽其用，从而最大限度地节能减耗。

另外，有了流程之后，各个环节的工作有了明确的负责人，大家都清楚该干什么。这样各环节、各步骤之间就少了无效的等待，这也是节能减耗的一种表现。

3. 润滑衔接，保证顺畅

一个完整的流程不会只涉及某一个部门，而是跨部门的，需要各部门之间相互配合、相互协作。比如，出货流程就涉及运输部门、仓储部门、物流部门三个部门。假如没有统一的规范，A部门那样做，B部门这样做，那就乱套了。如货车司机习惯于有了命令才去拉货，而不管工作时间；仓库管理员只管朝九晚五地坐班，不管货车司机是否进货回来材料要入库。这样运输部与仓储部之间就不能有效地衔接工作。

有了流程之后，各部门的衔接效果就大不一样了。运输部会提前预计货车司机抵达仓库的时间，仓储部门会安排人员负责卸货，保证物料及时进库。这样一来，部门之间的沟通就简单、高效许多，相互等待、扯皮、推卸责任的情况就不存在了。

4. 加强监控，有迹可循

流程可以监控做事的进度，使一切行为变得有迹可循、有底可查。我们知道，对于一项业务来说，决定其落实效果的，往往是几个关键的环节。当执行出了问题时，能够快速找出问题的环节和相应的负责人，想抵赖也赖不掉。

流程的监控作用还体现在通过填写相关的表单，可以有效地核算相应的数据。通过表单的统计，能够及时发现问题，衡量问题的严重性，以及判断管理的效果。在这方面，我是深有体会的。

我的一位朋友，开了一家加工企业，任用的员工大多数是同乡人或亲戚。公司没有流程，大家做事都很随意，不过因为公司小，倒也没出多大的问题。后来公司规模大了，企业的交货、出货等各方面的工作屡屡出现问题。我朋友发现这样下去不行，于是叫我帮他设计一些流程。

在我给他设计的这套流程中，各个岗位、各项工作都有表单。关于填写表单的问题，员工就很不理解。比如，运输部的司机就很不配合，他反问部门主管："为什么要填表？我又不会偷懒，我又不会偷东西，你让我运什么就运什么，为什么要填表？"

主管说："填表是为了控制物料的进出。如果你不填，公司就没办法核算相应的物料是谁运的、运了多少，所以必须按照流程填写表单。"

司机又说："这个表也没多大用，又复杂，每次填表都耽误我出货的时间。"

主管说："这个表有没有用，有什么用，你不用考虑，你按公司规定去做就行了。”

最后，在主管的要求下，司机以及部门人员都养成了填表的习惯。有了表单，出货进货的时间就很清晰，物料的数量也很清楚，大大提高了核算的准确率，从而实现了对公司物料的监控。

三、把握流程管理的本质，不做无用功

梁先生在一家制造企业负责流程管理，其主要工作有两项：一是文件管理，包括流程文件的审核、发布及上传到公司网站和知识库；二是对关键流程进行调研、分析，然后改善流程。这两项工作他都做得很努力，但公司并不认可他的价值。原因有两个：首先，公司高层没有看到流程带给公司运营效率上的显著提升；其次，针对流程的调研报告非常宏观和表面化，对企业改善没有什么帮助。

为什么会这样？很重要的一点是，梁先生没有把握流程的本质，迷失在流程的表象之中。流程的本质是流程存在的目的、意义与价值。流程的本质不是流程的岗位分工，不是流程图，不是流程的管理标准，也不是流程相关的管理制度，这些东西是手段，都是为流程本质（目的）服务的。

但在现实中，根据我这些年的咨询经验，了解到很多企业都在做流程管理，也会画一些流程图，但是管理者却没有把握流程管理的核心思想，没有认清流程管理的本质，具体表现为以下几个问题，如图 7 －3 所示。

问题 1：流程管理是流程管理部门的事。

有些公司为了做好流程管理，会专门设立流程管理部门和相关负责人，上文的梁先生就是做这件事的。遗憾的是，选择的负责人往往是应届毕业生，或只有理论没有实践经验的人。这类人最大的问题就在于喜欢闭门造车，东拼西凑，没有深入到各部门中调研具体的情况，也无法调动起各部门对流程的重视。最后，设计出来的流程往往是纸上谈兵，缺少实操

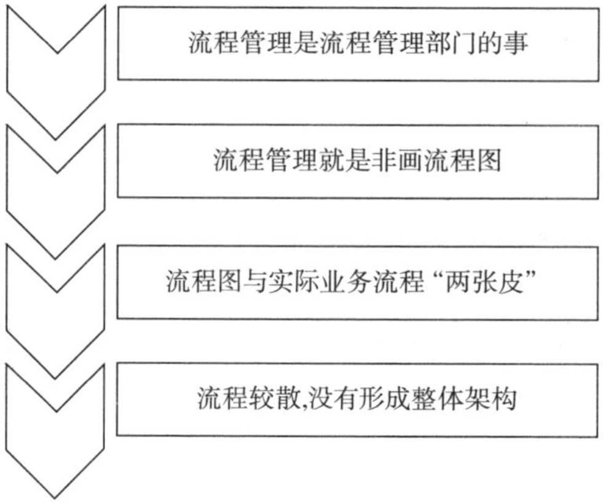

图7－3　流程管理中容易出现的四个问题

性。于是，大家无法参与进来，流程管理就变成了流程管理部门的事情。

问题2：流程管理就是画流程图。

有些企业认为，流程管理就是画流程图，把各项业务都用流程图梳理出来，以为有了流程图就万事大吉，照着流程图去做就行了。殊不知，流程管理的关键在于不断优化流程，通过分析现有流程存在的问题，不断提出优化方案。而仅仅将各项业务的现状用流程图表达出来，远远无法把握流程管理的本质。

问题3：流程图与实际业务流程“两张皮”。

不少公司设计了业务流程，画了大量的流程图，看上去很规范。然而没考虑到这些流程图的可操作性，导致流程图的实用性较差，使各部门看不到流程的价值，也不会做流程规范的事，更不会看流程图。最后，导致流程图与实际业务“两张皮”。

问题4：流程较散，没有形成整体架构。

有些企业在制定流程时，让各部门自行设计流程，让各部门按照自己的流程去办事。这样做的结果是，各个流程存在相互交叉的部分，且各部门自成一套，无法形成流程的整体架构，各个流程之间没有关系，甚至存在冲突。这就导致各个部门从本位主义出发，彼此缺少协作，造成了内耗，降低了工作效率。

以上四个流程管理中的问题，提醒管理者，必须把握流程的本质和目的，这样流程管理的方法与工具才能变成一把利刃，流程的设计才有灵魂，才知道方向在哪里。那么，作为中层管理者，究竟该如何把握流程的本质呢？

1. 目的要明确

流程的目的是长期以来容易被管理者忽视的一个问题，要想解决这个问题，不是管理者一个人能够解决的，它需要管理者带领团队去解决。这是因为流程团队中的人员熟悉的是各自负责的工作程序，但他们并不理解这样操作的目的，更谈不上对整个流程目的的把握。这时，如果能有一个具备结构化流程思维的管理者，就很容易带领流程团队把流程目的识别出来。

为了便于理解，在此举一个大家都非常熟悉的流程——“合同评审流程”。如果不关心流程的本质，而只关注流程是怎么在不同部门、岗位间流转的，做到最好也只是使合同评审工作能够顺畅有序地开展。很多公司的合同评审会流经财务部、制造部、开发部、质量部，按照设计好的逻辑先后顺序开展。但流程顺畅有序并不是公司期望的结果，公司想要的是通过合同评审为公司规避风险，创造价值，为公司带来竞争优势。如果流程偏离了目的，再顺畅的流程也是在做无用功。

从流程本质上看待合同评审流程，首先要思考合同评审的目的是什么。从公司内部来看，合同评审能够保护公司的利益，满足公司经营目标的需求，主要表现为对盈利的追求，要保证合同的利润率，符合公司的价格策略，控制应收与交易风险。对外部客户则要保证客户的要求能够得到满足，保证客户满意度。简言之就是利润、风险、合同履约能力，而且会在这三个方面做一个平衡，有所侧重，直接体现了公司的竞争策略。

2. 战略要清晰明确

把握流程本质的关键点在于分析并找到流程对于客户及公司的价值，对于客户的价值来源于客户需求的分析，对于公司的价值来源于公司的战略。在分析流程目的的时候，我们会发现在多目标之间，流程需要进行平衡、取舍并排出不同的优先次序，这个权衡的过程实际上就是流程与战略进行对接的过程，一旦根据战略确定了正确的流程价值取向，就可以通过有效地运行流程将公司的战略实实在在地贯彻下去并能够创造出预期的市场竞争力。如果战略不够清晰明确，管理者只是盲目管理，流程就无法发挥其应有的作用。

四、制定标准化流程，打造职业化员工

华为总裁任正非曾说过："一个新员工，看懂模版，会按模版来做，就已经标准化、职业化了。你三个月就掌握的东西，是前人摸索几年、几十年才形成的，你不必再去摸索。"这句话切切实实道出了流程管理和标准化管理的好处，也让我们明白：打造职业化员工并不是一件难事，只需制定标准化的流程，然后让员工按照流程去做事就可以了。

某公司针对机场接待客户建立了相关流程。具体流程如图 7－4 所示。

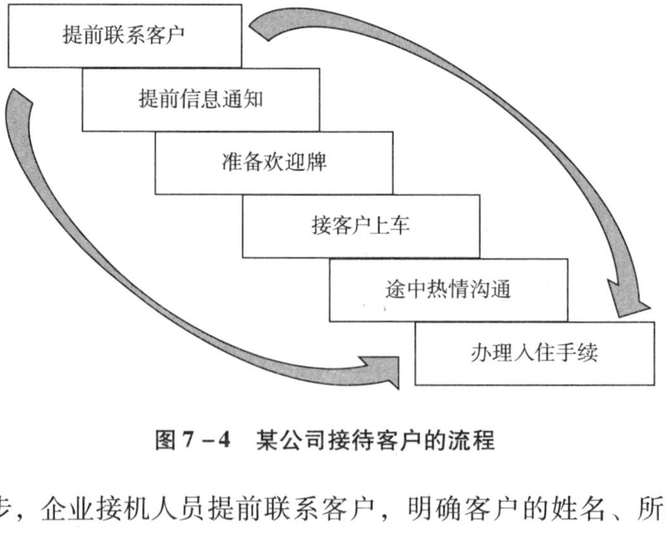

图 7－4　某公司接待客户的流程

第一步，企业接机人员提前联系客户，明确客户的姓名、所乘航班等

信息，安排车辆接机。

第二步，接机人员按照相关信息提前20分钟到达机场，并向客户发送一条欢迎短信："××先生/女士，您好。我是××公司的××，我现在在机场出口处等您。"

第三步，接机人员高举欢迎牌：欢迎××先生/女士。这一行为可以让客户更容易找到接机人员。

第四步，与客户见面后，确认客户信息，主动替客户提箱包，并将之放到后备箱，然后主动为客户打开车门。

第五步，车辆行驶过程中，主动向客户简单介绍公司情况以及公司的安排和相关行程。

第六步，到达住宿地点后，主动帮助客户办理入住手续，同时留下自己的联系方式，或者按照相关安排将客户送往目的地。

职业化是现代化企业的一个重要标志。企业员工的职业化行为是与行业规范、企业规章、工作流程等紧密相连的。一个员工如果具备了所在企业所需的工作技能，掌握并按照企业的做事方式和操作流程工作，那么，这个员工就是一个职业化员工。同理，如果一个企业所有员工都有如此水准，都按照企业规定的流程做事，那就可以说这个企业拥有一支职业化的员工队伍。

实施流程化管理也是企业实现工作自动化的一个有效途径。很多世界500强企业从国内招聘的员工能在短时间内上手，原因就在于这些外资企业都有一个严格、完善的工作流程，都有一套相对固定的操作模板，这样所有员工都能按流程规范做事，而无须自己去摸索从哪儿开始做、怎么样去做，这就像自动化流水线一样，只要按动控制按钮就可以了。看看麦当劳、肯德基，沃尔玛、家乐福，这些巨无霸连锁企业无一不是得益于规范的流程。

换言之，流程管理的核心就是管理的标准化和程序化，就是让不同的人在不同的时间、地点做相同的事，得到相同的结果，从而让企业能够依赖自身运行机制有条不紊地运行。总结起来，也就是将常规工作流程化，使之形成标准化、自动化的管理模式。

流程化管理最大的意义在于它的复制能力。企业如果能将相关运作流程固化下来，业务的运作就不会随人的意志而改变，这样既能保证业务流程与时俱进、不断优化，又能保证企业在各种情况下都能按照既有业务流程执行，达到预期的结果。

那么，作为企业管理者，应如何保证流程标准起到切实的积极作用呢？

1. 全员参与制定的流程标准才真正具有实用性

很多企业管理者往往把制定流程标准的责任交给相关管理部门，结果往往是辛辛苦苦制定出来的流程标准下发后，得不到有效执行。其中主要原因就是制定流程与标准的人不了解具体业务，从而使其所制定的流程标准与实际相脱离，缺乏可操作性。

某建筑公司在编制流程标准时，专门聘请了一些资深的专家成立一个小组进行流程标准编制。经过三个月，在这个专家小组不断调整、改进下，终于制定了一个看似完美的工作流程。可是，该流程在推行过程中，员工抱怨流程太复杂，严重影响工作效率，老员工也觉得流程没有实用价值，对工作没有丝毫帮助。后来，公司高层要求各部门中层参与到流程的修改和完善中来，经过深入地讨论，终于制定了一套最简化、最具实操性的工作流程。

每个部门都有各自的工作模式，企业制定流程时，可以让各部门主管参与进来。因为各部门主管熟悉自己部门的业务流程，最清楚实际的操作，这样制定出来的流程和标准才能接地气，保证实用性。

2. 按流程办事的同时，要不断优化现有的流程

用流程管理、按流程办事，并不是有了流程就万事大吉。流程是一个动态的不断优化的过程，要随着公司发展形势的变化、市场状况的改变适时进行调整和优化。如果一个企业的流程长时间不变，那往往说明这个企业没有任何进步。

优化流程不是一次性的工作，不要认为优化一次后就万事大吉了。流程管理不仅仅是一个结果管理，更主要的是过程的管理。一个好的流程如果半年之内没有优化过，那这个流程往往很难继续运行了。所以，让流程保持不断优化、不断微调的状态，是确保流程高效的重要条件。

五、用流程规范大家做什么、怎么做

中层是各个部门的领头羊，在日常管理中要经常下达工作任务，给员工指明工作方向，明确告知员工要做什么工作，做到什么标准。然而，这种依靠口头传达工作指令的做法效率太低，只适用于小公司、小团队。如果公司规模较大、人员较多，中层很难实现一对多的指令传达和标准下达。

那么，在规模较大、人员较多的公司里，中层怎样实现指令传达和标准下达呢？很简单，他们有规范的工作流程，流程会告诉大家该做什么、做到什么标准。只要大家按照流程的规定去办事，自然就能保证最终的执行效果。关于这一点，我们不妨看一个很有意思的故事，从中可以体会流程的巨大威力。

几名中国企业家去德国某食品企业参观和学习。德企准备了丰盛的午餐，盛情款待中方参观者。用餐结束后，大家在德企领导的陪同下参观生产车间，可是刚到生产车间不久，中方企业家赵总就想上厕所。德企领导马上指示下属带赵总去车间内部的厕所。

厕所相当高档，是全自动的。赵总来到厕所门口，厕所门便自动打开；赵总进去之后，门就自动关上了。赵总很好奇，不由地打量了这先进的厕所。等他如厕完毕，准备推门出去时，才发现门上并没有把手，他试着推了一把，但是没有推开。

赵总有点着急，心想着外边的一大帮人还在等他呢！急忙之际，他打电话向秘书求助，秘书找到德企领导，一群人来到了厕所外面。

德企领导解释说，如厕完后要按照“流程”操作，门才会打开，厕所门上有流程操作图。秘书赶紧告诉里边的赵总，赵总果然看到门上有个“如厕流程”，幸好有中文对照，于是他按照上面的要求用水冲洗马桶，然后打洗手液，再烘干。

可是完事后，门还是没开，赵总彻底傻眼了，于是大声喊道：“我按流程做了，怎么门还不开？是不是门有问题？”

德企领导也不敢怠慢，急忙解释说：“流程旁边还有一行说明，请赵总仔细看看。”

赵总瞪大眼睛，看见流程图旁边还有一行字，上面写着：冲洗5秒钟，用洗手液搓洗10秒钟，烘干15秒钟。

照做之后，厕所门终于打开了。

看了这个故事，你会不会觉得好笑？但同时，又能获得很大的启示。德企将流程管理运用到如厕上来，规定如厕者完事之后应该做什么、具体怎么做，以督促大家养成良好的如厕习惯。厕所都能用上流程管理，企业生产上就更不用说了。这不得不让人感叹，德企对流程管理的重视。

其实，“如厕流程”是每个企业经营不可缺少的。在流程里清楚地规定每个员工应该做什么、具体怎么做、做到什么标准，这不但减轻了管理者口头传达工作指令的负担，更可以让员工在流程的规范下，养成职业化的工作习惯。所以说，制定科学合理的流程，并用它规范员工的行为，对企业发展具有重要的意义。

比如，有一家法式餐厅针对卫生、服务等各方面制定了一套完整的流程，甚至对客人的各种问题应该怎样回答，都有严格的规定：无论顾客提出什么问题，你永远都不能回答“不知道”。如果你自己不清楚，应向客人说明情况，然后马上想办法找到问题的答案，再给顾客一个满意的回答。

通过这些流程规定，企业向员工传达了这样一种信息：流程里规定的就是你应该做的事情，流程里怎么规定的，你就怎么做。员工在长年累月地按流程办事的过程中，就会慢慢养成一种流程化的工作习惯。

那么，用流程规范大家做什么、怎么做时，有什么要注意的呢？

1. 明确各自在流程中的职责，衔接好各环节之间的关系

曾经，IBM信用公司完成一项融资服务需要七天时间，这其中要经历多个环节的工作。由于各环节的负责人目标不清晰，彼此工作衔接不顺畅，导致从现场销售人员到总部办公室人员，从信用部到经营部，从核价部到办事组和销售人员，这一过程要耗费七天时间。在这七天内，大家不知道工作进行到哪个环节，即便电话咨询也无法获知，大家只好漫无目的地等待。

事实上，如果各个环节的负责人能明确自己在整个融资服务流程中的职责，并衔接好与下一环工作之间的关系，整个流程的运转效率就会大大提高。因为在规范的流程里，各个员工都能清楚自己的职责，并知道做完本环节的工作后，如何与下一环节的负责人交接工作，确保工作顺利衔接。

2. 鼓励员工在按流程规范工作的基础上主动、灵活地工作

流程规定是死的，人是活的；流程规定再周全，实际工作也可能遇到特殊情况。面对流程中没有规定的事情，管理者应鼓励员工积极发挥主观能动性。日本索尼公司的创始人盛田昭夫曾对下属说："放手去做好你认为对的事，即使你犯了错误，也可以从中得到经验教训，不再犯同样的错误。"这体现了索尼公司对员工的宽容，也体现了索尼公司重视培养员工在流程之外主动工作的意识。

主动工作的意识是非常可贵的，任何一家企业都不能只让员工死板地按流程工作，对于流程未能考虑到的事情视而不见，而应该像索尼公司那样，既鼓励员工按流程规范来办事，也要针对具体事件主动、灵活地处理。这是一种责任心的体现，有助于提高员工的执行力，对企业发展尤为重要。

六、落实岗位责任制，谁的工作谁负责

经常听到中层抱怨员工岗位职责不清晰，工作落实不到位。要想解决这个问题，其实很简单，只要实行流程化管理，将各员工的岗位职责描述出来，让员工清楚自己的职责就行了。当员工知道自己该做什么，做到什么标准时，执行力就大有保障了。

比如，一家企业实施流程管理之后，把广告策划业务、公关宣传业务、企业文化建设、客户接待工作、售后服务工作等，都用流程描述出来了。每一项工作都有一个流程负责人，每个流程负责人都有相应的职责，这些都在流程图表上清楚地描述出来了。

在流程负责人下面，还有相应的具体执行者，他们的职责清楚明白地体现于流程图上，该负什么责任，该做什么工作，工作应该做到什么标准，一目了然。在这种情况下，员工按照流程去执行，大大提升了工作落实的效率。

实际上，流程中规定每个人具体要做什么，就是各个员工的岗位职责。当每个员工落实好自己的岗位职责时，整个企业的各项业务就能规范、高效地运转。反之，如果员工不清楚自己的岗位职责，那么落实就无从谈起。

以项目管理为例，如果员工职责不清晰，一方面项目经理在具体任务分配时会缺乏合理的依据，直接影响项目组内部的运作；另一方面由于项目经理与职能部门经理之间的权责划分界定不清，项目经理与其他部门之间就难以协调，因而部门之间在人员调动、考核、分配等方面就容易出现矛盾。

可见，岗位落实的关键在于明确岗位职责。岗位职责是指一个岗位所要求的需要去完成的工作内容以及应当承担的责任范围。这实际上就详细

告诉了管理者在工作中如何安排员工，同时告诉了员工该做什么，能做什么。当员工都按照自己的岗位职责工作时，工作自然就能落实到位了。

具体来说，在流程的规范下落实岗位责任制时，要注意两点：

1. 用具体的奖罚措施推行岗位责任制的落实

很多企业都有较为规范的流程，但并不是每个企业的岗位责任都能得到落实。究其原因，就在于缺乏有力度的奖罚措施。如果企业出台相关的奖罚措施，对能够很好地落实岗位职责的员工进行奖励，对不能落实岗位职责的员工进行处罚。那么，员工自然会重视岗位责任的落实。

某电子产品企业在发展中遇到了一个困惑：旺季的时候，订单很多，但是工厂不能及时交货；淡季的时候，订单很少，公司的库存太多。企业在绩效考核上想了办法，但并没有取得明显的效果。后来，公司管理者经研究决定，设立奖励基金和处罚措施，鼓励大家争先进，鞭策大家少犯错。

具体做法是，在某段时间里，公司的核心任务就是及时交货。如果在这段时间内不能及时交货，要找出原因，并落实到各个部门：物料供应不及时，是采购部门的问题；设备没保养好，是工程部的问题；图纸出了问题，是研发设计部的问题。然后，公司每周召开一次会议，专门讨论出货的问题，造成上个星期公司没能及时出货的部门和员工将要受到经济处罚，没有出错的部门和员工会获得奖励。

岗位责任越明确，工作目标分解越具体，对员工越有导向性、激励性。当企业将工作目标分解到每个员工身上，并落实责任，那么员工再也不能敷衍工作了。因为一旦工作出了差错，他就要承担相应的责任。即便员工想推卸责任，也没有推卸的理由。

2. 把员工利益与岗位职责落实紧密地联系起来

有一家危险品制造厂经常出现安全事故，厂长感到非常忧虑，他与安全工作的负责人谈话多次，也处罚过他们多次，还撤换了好几任安全责任人，但还是没有根除安全问题。

一天，厂长突然想到了一个办法，他把安全工作的负责人叫到办公室，对他说："公司近来安全问题频繁，公司决定让你全权负责安全问题，为了让你全身心地把公司的安全制度落实到位，做好安全监督工作，公司在厂区给你提供了一套房子，你把家人全部接过来住吧，也省得你每天在路上奔波。"

奇怪的是，自从安全工作负责人住到厂区之后，公司的安全事故少了很多。为什么会出现这么大的转变呢？这个问题的答案只有厂长和安全工作负责人心里清楚，因为负责人和家人都住进了厂区，厂里的安全事故直接影响家人的安全，因此，他会更加负责任地做好安全监督工作。

不得不说，这位厂长在推进岗位责任制时的办法很绝妙。我们都知道，每一项制度的执行情况都涉及个人的利益。在厂长让安全工作负责人全家都住到厂区里后，实际上是将安全工作负责人的责任与家人的安危捆绑在一起。如果负责人还不把安全责任当回事，不把安全责任落实到位，一旦出了安全事故，他的家人的生命安全也会受到威胁。所以，安全工作负责人不得不将安全责任落实到位。

从这个案例可以看出，在推行岗位责任制时，管理者有必要向员工明确责任与利益之间的关系，让员工清楚自己的责任，以及做好工作会获得的利益。同时，为了让员工做好工作，管理者不妨告诉员工你的期望和要求，如果员工达到了你的期望和要求，他将会获得哪些奖励；如果没有达到这个期望，又会受到哪些处罚。这些都应该让员工清楚明白，这样才能给员工压力和动力，使员工带着目标感、使命感去对待工作。

七、流程的每一环节都要对下一环节负责

不少企业在实施流程管理之后，员工的执行力大幅度提高，但也出现了一个典型的问题，那就是各项工作之间缺少良好的衔接和及时的补位，

工作上出现了遗漏的环节，导致流程运行脱节。

举个简单的例子，广告策划、公关宣传、企业文化建设等，这几项工作并不是完全割裂开的，它们之间存在一定的联系。比如，策划部门在策划营销广告时，需要企业文化建设部、公关宣传部提出相应的宣传方案；策划部策划好企业营销广告后，要向公关宣传部交代清楚广告的寓意何在，以保证公关宣传部正确地宣传广告寓意；公关宣传部宣传企业广告之后，要及时向企业文化建设部反馈宣传效果；企业文化建设部再把这个信息反馈到策划部，以便策划部及时调整策划方向。

在这个循环往复的过程中，三个部门的流程负责人就要做好交接工作，互相之间把必要的细节交代清楚，千万不能抱着“事不关己，高高挂起”的态度。因为流程是一环套着一环的，任何一个环工作落实不到位，都会影响整个流程的落实。

那么，怎样才能实现流程各环节的顺利衔接和灵活补位呢？在这里，推荐一个非常实用的策略——层级负责制。所谓层级负责制，指的是在流程的各个环节中，上一环节都要对下一环节负责。即要求工作在每个环节都不出问题，确保下一环节顺利开展。如果因为上一环节工作未做到位，导致下一环节工作无法顺利开展，那么，应追究上一环节负责人的责任。

从本质上来说，层级负责制是岗位责任制的另一种体现，它要求各个执行者各司其职，做好本职工作。具体来说，通过实行层级负责制来实现流程各个环节的衔接时，各个流程的负责人要做到以下几点：

1. 精益求精，力求做好每一环节的工作

层级负责制要求各个环节负责人做好本职工作，决不允许敷衍了事，决不允许抱着“差不多”的心态对待工作。能把工作做到100分，决不允许只做到90分；能把工作做到90分，决不允许只做到80分。为什么要强调这点呢？

因为在执行中，如果第一环节的工作只做80分，那么第二环节的工作受到第一环节工作的影响，可能只能做到70分；第三环节的工作受第二环节工作的影响，可能只能做到60分。由此下去，最后整个流程的执行效果

就会大大偏离预期。所以，任何一环节的工作都不容许有失误。

2. 把下一环节当作客户，用心做好服务

企业在为客户服务时，总是强调“客户是上帝”。可实际上，企业不只是有外部客户，还有内部客户。内部客户就是员工、同事，彼此都是对方的客户。尤其是在流程执行中，前一环节的工作是为后一环节工作服务的，前一环节的执行效果会直接影响后一环节工作的执行效果。因此，企业应强调流程执行中的服务理念，对于前一环节工作执行的效果，后一环节负责人有权进行评价打分。企业可以根据这些评价打分，综合评估前一环节负责人的“服务水平”，并设置相应的奖惩措施，以鞭策大家做好本职工作，用心为他人服务。

3. 谁负责的环节出了问题就要找谁问责

当流程进行到某个环节，当事人没有把该做的工作做到位，导致整个流程进展不顺利，甚至导致整个流程瘫痪了，这个时候，管理者应追究相应环节的责任人，通过沟通和调查，了解那一环工作执行不到位的原因。若是客观的、突发性的原因造成的执行不力，管理者应体谅员工，并引导大家从中吸取教训。如果是当事人主观原因造成的，比如，主观上不努力、工作态度不认真、不够细心等，那么应严厉地予以处罚，并教育当事人引以为戒。

4. 全盘分析后一环节落实不到位的原因

由于前一环节工作落实不到位，导致后一环节的工作执行效果受到影响，这种情况是流程管理中十分常见的。那么，针对这种情况，管理者到底该怎么处理呢？是否可以就此认定，后一环节负责人毫无责任呢？对于这个问题，我们应该一分为二地来看。

如果当后一环节负责人发现前一环节工作未做到位时，他积极想办法弥补，努力提高本环节工作的质量，避免本环节工作执行效果只有 70 分，而是努力做到 80 分，且真的做到了。那么，对于这种工作态度和行为，管理者应予以肯定和表扬，而不应该追究其责任。

如果当后一环节负责人发现前一环节工作未做到位时，他没有积极想办法弥补，而是得过且过，本着“反正是前面一环工作没做好，与我无关”的心态执行本环节工作。最后，本环节工作只做到了 70 分，甚至 60 分、50 分。那么，在事后追究前一环节负责人责任的同时，还应追究后一环节负责人的责任。这样能够有效地防止后一环节执行者找借口推卸责任、敷衍了事。

第八章

优化流程：高效节能提升团队执行力

有了流程，并不等于万事大吉，还需坚决按流程办事，根据企业实际需要不断适时优化流程。因为流程是为实现企业战略目标服务的，企业的战略目标在不断变化，流程自然也要跟着不断优化、不断完善，只有这样才能保证团队的执行力不打折，保证管理的高效能。

一、不断优化流程，执行力自然“水涨船高”

有了工作流程，就有好的执行力吗？我见过很多企业，流程定了一大堆，可是团队的执行力仍然不见提升，问题就在于流程繁杂，不能切中要害，影响了执行的效率。这个道理很好理解，试想一下：完成一项工作只需三步，你偏要设置四步、五步，甚至六步、七步，环节多了，衔接多了，问题就相应地增多了，自然会影响执行力。因此，优化流程是提高执行力的重要保证。

麦德龙公司是德国最大、欧洲第二、世界第三的零售批发集团。在管理方面，麦德龙特别注重按流程办事，重视优化流程。谈到流程化管理对提高执行力的意义，麦德龙公司的总裁表示，他们在实行流程化管理时，非常重视撤销不必要的环节，精简不必要的流程，扫除执行中的障碍。

麦德龙在店铺设计上有个特点，那就是门店和仓储合二为一。为什么要这样做呢？目的就是保证快速补货，缩短补货的时间，节省补货的成本，提升补货的效率。麦德龙在中国开设了80家商场分店，按照传统的运营管理流程，分店与仓储相对独立，且一般相隔一定的距离，这样在补货的时候效率就会受到限制，成本也会非常高。可实行了分店与仓储合二为一的流程管理模式之后，补货环节的执行力就得到了保证。

另外，麦德龙在中国的80家分店，只有一个采购部门，通过集合订购的方式确保各分店的货源，且能够获得更多的定价优惠。一旦采购部为某个分店订购了货物，货物就会直接运送到该分店的仓库，当分店缺货时就可以做到及时、高效地补货。

从麦德龙的案例中可以看到，优化流程其实很简单，那就是减少不必要的执行环节，这样就等于减少了工作步骤，确保最快地执行到位。

看过 F1 方程式赛车的人都知道，当赛车的时速达到 200 公里以上时，高速摩擦会快速消耗轮胎，因此需要对轮胎进行保养或更换轮胎。要知道，换轮胎是在比赛期间进行的，比赛期间分秒必争，如果换 4 个轮胎耗时 30 秒甚至 1 分钟，那对手早就领先你好几公里了。那么 F1 方程式赛车中，换 4 个轮胎要多长时间呢？答案是 3.2 秒。

在短暂的 3.2 秒钟内，能够换掉 4 个轮胎，说明世界级赛车的车胎不是用螺丝拧上去的，而是环环扣上去的。具体是怎样换轮胎的？我们看一个流程图，如图 8－1 所示。

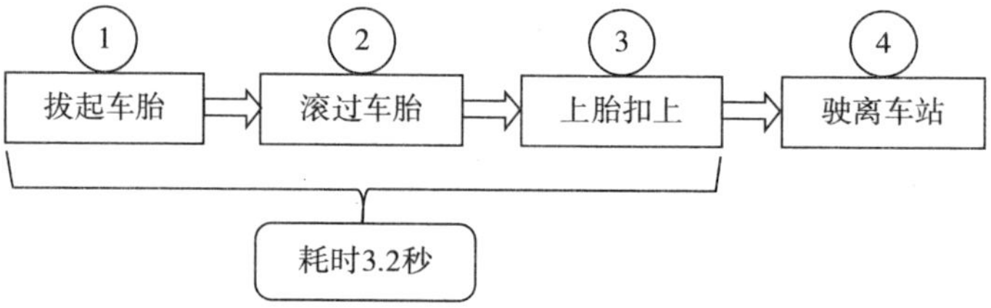

图 8－1　赛车的换胎流程

当赛车进站时，第 1 秒工作人员拔起车胎；第 2 秒，将新车胎滚过去；第 3 秒上车胎，再扣上，总共 3.2 秒，然后赛车就快速驶出车站。这种惊人的执行力很好地证明了流程最优化的意义。

回过头来看看有些企业的流程，你会发现他们的流程不够精简，还有很大的优化余地。这就是为什么不少企业实行流程化管理之后，却没有达到预期的管理效果，执行力低下的问题依然存在的原因。这与流程不够优化有很大的关系。

我们知道，流程化管理原本是为了将复杂的工作简单化，将繁杂的工作精简化，将混乱的工作程序化，但如果流程本身不够精简、不够科学，人为地将简单的事情复杂化，这就与流程化管理背道而驰了。所以，设定流程时一定要考虑流程是否足够精简，是否还可以进一步优化，只有优化到不能再优化的流程，才是最佳的流程，才是最有助于提高执行力的流程。

那么，采取什么样的方法去优化流程呢？

1. 明确流程优化的整体思路

从一套流程推行，到流程优化，这期间要求管理者有明确的优化思路。为什么要优化流程？依据什么判断标准去优化？这是管理者要考虑清楚的问题。一般来说，从流程制定到流程优化，这之间要经过以下四个步骤，如图8－2所示。

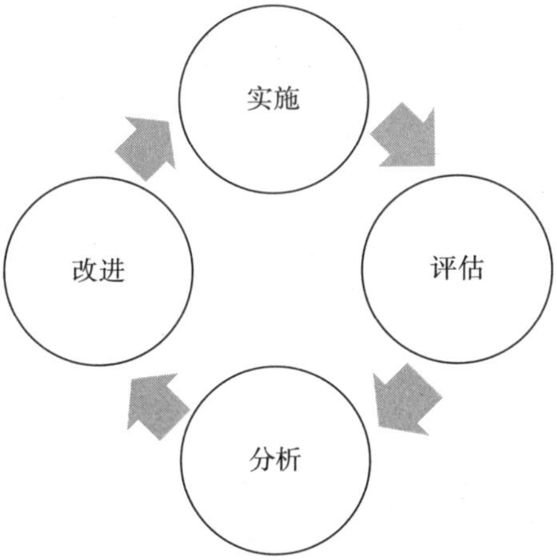

图8－2 流程优化的四个步骤

实施流程：流程制定后，就要推行实施，即要求全体员工严格按照流程去落实工作。

评估流程：流程实施之后，实施效果怎么样？有没有提升执行力？对企业运营状况有没有改善？这是需要管理者认真评估的。

分析流程：对流程实施效果进行评估之后，管理者还要对评估结果进行分析研判，找出流程现存的问题，思考是否有改进的空间。

改进流程：在对流程实施效果进行分析后，管理者要针对不良的流程环节进行修改和完善，以实现流程优化。

2. 采取“放”的策略优化流程

在对流程进行优化时，除了流程管理部门和公司中高层要参与进来，还可以采取“放”的策略，鼓励最了解相关工作的一线人员参与到流程优化中来。比如，在优化销售流程时，应该认真听取销售主管和销售人员的意见；在优化财务报销流程时，要认真听取财务主管以及经常找财务部报销货款的采购部员工的意见。因为他们最了解具体的工作，对工作落实中的具体执行环节最有发言权。鼓励他们发言，听取他们意见，既能对他们表达信任和激励，又有利于优化后的流程得到他们的认真落实。

二、抓住流程关键点，让管理事半功倍

有位朋友是一家广告公司的执行总监，在实施流程化管理后，他经常为抓流程落实工作而烦恼。因为流程环节太多，他对每个环节工作的落实情况又不放心，于是每个环节都要过问。这样做的最大弊端是耗时耗力，而且还无法全局性地掌控工作的进展。

后来，朋友在辅导女儿复习功课时受到启发：面对繁杂的知识点时，只要把每节的核心内容列出来，再补充一些小知识点，就对全书的内容有了一个全局性的把握，复习效率就大大提高了。

朋友意识到，抓流程落实和复习功课差不多，只要抓住几个关键环节上的重点，就能够掌握全盘的情况。倘若抓不住关键点，而迷失到具体的细节性工作上，就会让管理变成一种费力不讨好的事情。从那以后，他改变了抓流程的策略，着重抓住关键环节上的重点，管理也变得越来越轻松。

其实，朋友说的抓住流程关键环节上的重点，就是本节我们要讲的流程关键点。流程关键点是流程管理系统中非常重要的组成部分，把握住流程关键点，才能明确整个流程的大框架，才能抓住流程管理的本质，达到流程管理的目的。

每一个流程的关键点，都代表着一个小目标，代表着工作落实的方向，只有围绕着方向去管理才不至于“迷路”。而且，把握了流程的目的，在管理流程时，才能更好地洞悉流程存在什么问题，对公司有什么危害，然后从根源上加以解决，保证团队执行力和企业的生产效率。

举个例子，在建筑施工的过程中，有个流程关键点就是商品混凝土的输送。如果运送得太早，混凝土容易凝固，同时运送混凝土的车辆要等候，既影响混凝土的质量，还会耽误运送车辆的运送效率；如果运送得太晚，施工单位就会出现停工等料的情况，影响施工进度。因此，把握好混凝土的运送时间非常关键。

在这里，商品混凝土的运送就是该流程运作的一个关键点，如果运送单位能提供先进的设备，使商品混凝土的运送车辆与施工单位随时保持联系，那么两者互相配合与协作，就能很好地促进流程的顺利运作。

流程关键点对于整个流程管理来说非常重要，也是最容易出问题的。一旦不能有效地控制流程的关键点，整个流程的落实就可能不到位。具体来说，要想有效地控制流程中的关键点，需要注意以下三个问题，如图8－3所示。

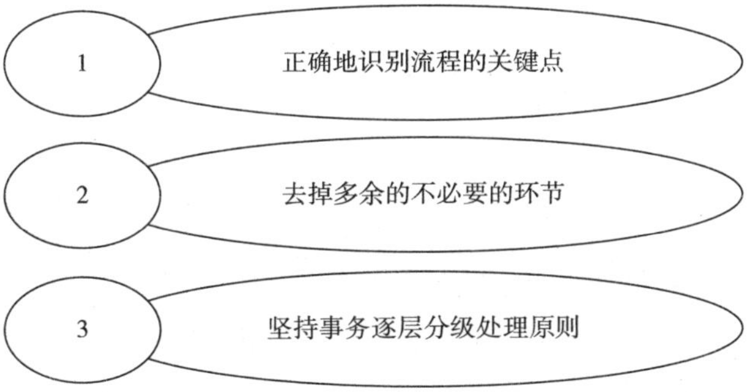

图8－3 抓流程关键点要注意的三个问题

1. 正确地识别流程的关键点

管理者在抓流程落实和优化流程时，并不是每个流程环节都要去抓，都要去优化，而应该先识别流程的关键点，再去抓流程的关键点，优化关键性的流程。

如果在控制流程、优化流程或改造流程之前，没有正确地识别出流程的关键点，不问青红皂白，对所有流程都进行再造，不仅浪费了大量的人力、物力，而且，最终优化出来的流程也不会取得任何成效。所以，企业在对某个节点实行优化前，一定要加以识别，看这个节点是否值得去优化，需要优化到什么程度，以及优化的先后顺序，先控制哪个点，再控制哪个点，这个必须搞清楚。

当识别出流程的关键点之后，就要有的放矢地去改造这个流程，目的是实现这个关键点的标准化、合理化操作，以便最大限度地提高执行的效率，从而保障整个流程的顺利运作。

那么，流程的关键点有什么判断原则呢？一般来说，它有两个判断原则：

第一，是否会对整个流程的运作产生深远的影响。

第二，是否能够最大幅度地提高企业的效益、更好地满足客户的需要。

如果两个问题得到的回答都是肯定的，那么，这个环节就是该流程的关键点；如果两个问题得到的回答得是否定的，那么这个环节就不是流程的关键点。

2. 去掉多余的不必要的环节

任何一个企业都有其特定的工作流程，如果流程环节过多或过杂，流程结构不合理，或公司部门过多，业务过于分散，没有一个统一的流程去规范，就很容易导致各部门各自为政，从而削弱企业的整体执行力，使企业难以形成相对成熟的运营体系。最好的办法是规范企业运行流程，减少不必要的环节。

例如，在有些公司，设计部只做设计工作，当他们需要购买办公用品时，只能求助于采购部门，采购部门则需要寻找供货商，通过讨价还价、发出订单、验收货物、支付货款，最后把办公用品交给财务部门审核。对于这样的小事，需要多道审批环节暂且不说，更严重的是，由于各部门沟通不到位，导致最后采购部买回来的办公用品不是设计部需要的。

对于这个问题，其实只需要将购买办公用品的权利交给设计部，让设计部自行购买，回来找采购部或财务部报销。这样就减少了流程的环节，简化了部门间的沟通与衔接，加快了流程进度，提高了办事效率。

3. 坚持事务逐层分级处理原则

在现代企业管理中，很多企业实施流程管理之后并没有取得理想的效果，这可能是其流程混乱导致的。要想避免这个问题，最好的办法就是事务逐层分级处理。

例如，某公司实施流程化管理之后，由于没有选定各个流程的负责人，导致公司80%的业务流程都必须经过总经理的审批才能进一步实施，这不单让总经理每天忙到深夜，搞得身心疲惫，还严重影响了公司战略、管理机制的运行。这对总经理这种稀缺资源是一种严重的浪费。与此同时，公司很多重要的事务总经理也没时间和精力去关注，从而增加了企业决策方面的风险。

这家公司由于没有坚持事务逐层分级处理的原则，导致总经理对公司的大小审批事务一手抓，不仅难以保证流程的流畅运行，还增加了企业流程的运行成本。由此看来，要想避免这类问题，最好的办法就是进行事务逐层分级处理原则。

三、精简冗繁程序，提高流程落实效率

管理企业不能缺少流程，合理、精简的流程是工作高效落实的强有力保障。看看银行的点钞机，每天要完成大量的点钞工作。这有赖于科学合理的流程。然而，有些企业虽然有流程，但流程不够合理、精简，直接影响了工作的落实效率，造成了不必要的时间和精力浪费。

王先生是一家商贸公司的物流部主管，负责全公司的货物分配业务，

在工作中他发现该公司的收货流程非常复杂。从配送中心一直到上架，货物查收前后要经历七个环节，如图8－4所示。

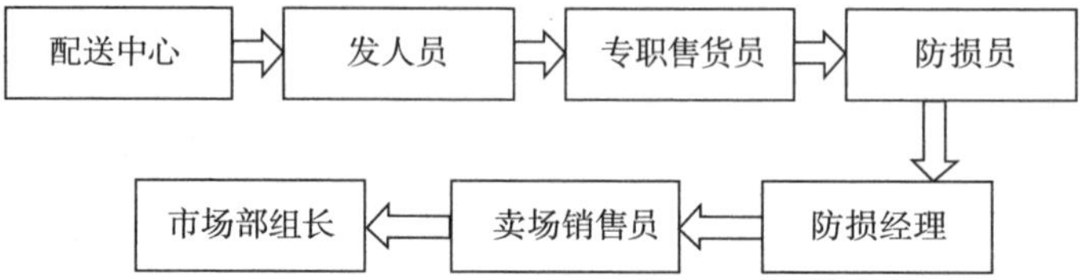

图8－4　某企业查货流程示意图

按理来说，如此细致的查收，应该能保证上架的货物的质量。但由于经手人过多，反而容易出现货物短缺现象，而且一旦发生问题找不到相关负责人，最后公司老板不得不为货物的损耗买单。

针对这种情况，王先生果断向公司提出了减少查收次数的建议，把七次验收减少为三次。他认为，收货流程中的验收只需三次，第一次是配送中心初验，第二次是门店收货员复验，第三次是理货员上架时查验，防损员可以不参与验货。

对于王先生的建议，公司的很多中层领导都提出了反对意见。而公司总经理却力排众议，支持王先生的建议。最终，公司的收货流程得到了优化，相应的工作效率也得到了大大的提升。每月节省人工成本一万多元，一年下来就能为公司节省十几万元的经营成本。

流程好不好，要看它对团队执行力有没有提升。如果一套流程在实施之前与实施之后，团队的执行力没有什么变化，那说明这套流程的存在没有什么价值。进一步说，这套流程是有问题的，或流程设计不合理，或流程不够精简，无法促进团队执行力的提升。因此，管理者必须对其进行诊断，查找出病因，再对其进行精简和优化。

谷歌是一家实力雄厚的公司，它有良好的工作环境，给员工完善的福利待遇，去谷歌工作是很多人的梦想。曾有一位求职者，专门制作了一个网站，然后拿着自己的作品，直接找到谷歌的人力资源部经理，他本以为对方看了自己的作品之后，会同意他的入职请求。可是，对方只是很礼貌地说：你这个作品很棒，我觉得你可以被录用，不过还是要走正规的招聘流程。

说到谷歌的招聘流程，据说以前有 29 个环节，经过不断地简化和优化，最终剩下了 8 个环节，如图 8 –5 所示。

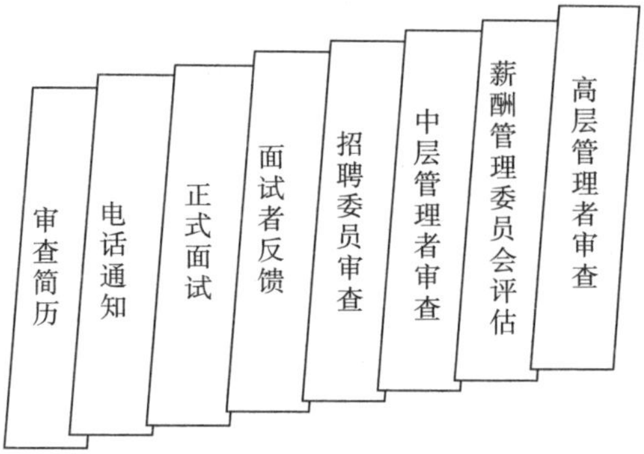

图 8 –5　谷歌人才招聘流程

环节 1：审查简历。

对于每一份简历，招聘人员都会严格审查，再根据求职者的技术能力、教育程度和工作经验来判断是否合格。

环节 2：电话通知。

如果觉得你合格，招聘人员会给你打电话，并在电话里解释为什么觉得你合格，让你知道应该有什么期望。如果你应聘的是技术工程师的职位，对方可能问你 SAT 分数（美国高中生进入美国大学所必须参加的考试）和大学 GPA（平均成绩点数）。

环节 3：正式面试。

毫无疑问，这是第一轮面试，每次面试只通知四五个人，每个人有 45 分钟的时间。如果你应聘的是工程师职位，你可能要回答现实的技术问题，或者通过编程解决某个问题。你也可能被问到一些古怪的问题，比如“清洗西雅图所有的窗户，你会收多少钱?”　“一天里表针重合多少次?”等。

环节 4：面试者反馈。

每个面试官都要将他们对求职者的印象用文字的形式记录下来，并对每个求职者进行数字排名。然后将这些求职者的简历与现有的员工简历进行匹配，如果发现某个求职者与公司的某个员工曾就读于同一所学校或任职于同一公司，便会与公司的这位员工，询问他对该名求职者的意见。

环节5：招聘委员会审查。

招聘委员都是经验丰富的高级主管，他们了解公司哪些工作需要处理，哪个职位空缺，以及对求职者有什么能力需求，他们将审查所有的面试官填写的回馈表格和求职者的简历。

环节6：中层管理者审查。

很显然，这一次审查是由职位更高的管理者审查。

环节7：薪酬管理委员会评估。

对于前面审查通过的求职者，薪酬委员会进行评估，对照求职者期望的薪酬与企业能够提供给这个职位的薪酬，看看两者之间的差距有多大，以考虑是否录用。

环节8：高层管理者审查。

这是最后一个环节的审查，通过了这道关，你才能得到正式的录用通知。当然，如果你被录用了，通常会获得非常优厚的待遇。

看看这个招聘流程的八道关卡，是否有可以精简的环节呢？作为外人，我们没办法评判谷歌这道招聘流程是否已经精简到不能在精简的地步，但我们能够从谷歌的招聘流程中得到这样的启示：没必要的流程一定要撤销，以简化工作环节，提高工作效率，降低经营成本。

那么，流程中什么样的环节是需要撤销和精简的呢？

1. 删除流程中价值不大的环节

如果流程中各个环节结束后不能创造出预期的价值，那么这个流程就没有任何存在意义，继续存在下去只会消耗更多资源。只有删除那些冗余的流程，才能将有限的资源投入其他流程中去，在总体上缩短流程周期。

2. 删除流程中某些重合、冲突的环节

假如一项工作的流程中有一个或几个环节类似，或某些环节费时费力，那么企业不妨把这几道工序合并起来，交由特定的人负责。上文的麦德龙公司把分店与仓储合并起来，将各分店的采购部门合并起来，精简采购环节，就是优化流程的不二之选，可以为公司节省大量的成本。再比如，美国通用公司的CEO杰克·韦尔奇就通过优化流程，使通用的市场价值在短短的十多年间跃居全球榜首。可见，优化流程对执行力的提高意义非凡。

3. 合并上下环节的工作，让一个人去完成

所谓合并上下环节的工作，即将流程中相互靠近的环节，合并起来交由一人完成。这样可以减少上下环节之间的衔接问题，避免了交接工作可能出现的失误。例如，在炒菜这个流程中有多道工序：买菜，洗菜，切菜，炒菜（放油、放盐、放调料、鸡精等），盛菜。买菜安排一个人，洗菜安排一个人，切菜安排一个人，这种现象在酒店是很常见的。如果是大型的酒店，买菜、洗菜、切菜安排的人数会相应增加。

可是，如果放油、放盐、放调料、放鸡精分别安排一个人，那就乱套了。因为这些小事厨师完全可以一手包办，根本没必要安排四个人来做。而且要想四个人配合炒出一道味美的菜肴，那简直太难了。另外，明明一个人可以做的事情，却要让四个人去做，也会增加经营成本。

所以，如果你发现工作流程中的某几个环节完全可以由一个人完成，那就没必要让多个人去完成。因为人数越多，成本就越高，这种成本不仅表现为员工的薪酬成本，还表现为沟通成本、协调成本，等等。

四、找出流程病灶，及时对症下药

当一套流程在实施过程中，没有带来预期的效果时，管理者应该及时分析原因，找出流程病灶，再针对病灶制定解决方案。最终，实现对整个流程的优化和完善。

广州酒家是国内一家知名的连锁餐饮集团，总员工有2000多人。近年来，因业绩下滑，不少分店关门大吉。公司为了找出业绩下滑的原因，特派人对各地的分店进行了考察。最终得出这样的结论：许多员工工作状态不佳，引起了客人不满，结果酒店的声誉受到了影响，客流量不断下滑。

公司为了改变这种现状，制定了奖惩制度。但制度推行后，员工的状态也并没有因此得到改善。公司又对推行的奖惩制度作了仔细分析，结果发现这个奖惩制度不够规范化，目标和定位都不明确，同时也不够人性化。餐饮属于服务行业，而服务类型公司的奖惩制度是无法用绩效考核得出来的，因为像厨师、服务员，无论工作怎么努力，也无法考核其个人业绩。

所以，公司又对奖惩制度内的每一个流程进行考核，考核的方向偏重于行为、态度，例如，服务员对待客人的态度是否够热情、够耐心。这是以客人的投诉次数和门店经理的日常观察为考核依据的。如果是收银员，则是把重点放在其收费的标准动作和程序是否符合规定上，最终提升了员工的积极性。

从上面的案例可以看出，企业在进行流程改进时，一定要认真分析整个流程，即使是一些细节问题也不容忽视，必须彻底地找出流程病灶，然后根据实际情况确定解决这方面问题的方案。只有找到正确解决问题的方法，才能真正解决问题，才能让流程发挥应有的作用。很多企业进行流程改进都没有取得理想中的成效，原因就在于没有找到流程的病灶，而采取了错误的改进方法，最终还浪费了大量的人力、物力。

找出流程中的病灶是企业实施流程改进的前提，企业应该根据自身的实际情况和使用习惯，选择合适的方法或者对各种方法进行综合运用，以期达到最佳效果。

找到流程病灶的方法有很多，主要有以下三种方法：

1. 流程图倒推和顺推法

流程图倒推和顺推法是流程诊断中最基本、最典型的工具，能够简单明了地阐明流程中包含的任务、任务之间的关系以及流程中的停顿、检查、幸存等环节。所以，要找出流程中的病灶，就可以绘制流程图并对其进行分析，找出存在问题的环节。

某企业自实行新的流程以来，效益不但没有提升，反而下降了很多。公司管理层多次召开会议进行商讨，也尝试着采取了很多改进方法，依然不见成效。最后，流程部门的一个员工建议，将公司的流程图重新画出来，通过倒推和顺推的办法，很快就找到了病灶，并采取了适当的解决方案。自此，这家企业的生产效益直线上升。

2. 5W1H 分析法

5W1H 分析法又称为“六何分析法”，是对流程中选定的项目、工序或操作，从对象、目的、地点、时间、人员、方法这六个方面提出问题，并对这些问题进行思考与分析。具体如下：

（1）对象分析。

企业生产什么产品？车间生产什么零配件？

（2）目的分析。

为什么生产这个产品？能不能生产别的产品？如果现在这个产品不能获得利润，是否可以换一个利润更高的项目？

（3）地点分析。

生产是在哪里进行的？为什么在这个地方进行？可以换个地方吗？到底应该选择什么地方？

（4）时间和程序分析。

现在这个工序或者零部件是在什么时间生产的？为什么在这个时间生产？能不能在其他时间生产？能不能将下一道工序提前？到底应该在什么时间生产？

（5）人员分析。

现在这个事情是谁在做？为什么让他做？如果他既不负责任，人际关系又不好，是不是可以换人？换一个人能不能改变现状？

（6）方法分析。

现在我们采用的是什么工艺方法？为什么采用这种方法？可不可以采

用别的更好的方法？

3. VA/NVA 分析法

要想很快找到流程病灶，还可以采取 VA/NVA 分析法。VA/NVA 分析法将构成一个流程的各项活动任务划分为三种形式：增值活动（VA），指能使产品或服务提高附加值的活动；非增值活动（NVA），指不增加附加值，却是企业流程中必不可少的活动，是连接各项增值活动的链条；浪费（Waste），指既不能增加附加值，又不是必要的活动。

采用 VA/NVA 分析法，能够清楚地看到了企业流程中增值活动在所有活动中所占的比重，这样便能找出企业流程中的缺点，从而制定切实可行的改进方案。

五、完善沟通渠道，实现信息适时共享

在流程管理中，很多中层认为，把员工的职责和工作划分清楚之后，就万事大吉了，就可以坐在办公室里等员工汇报结果。但实际上，虽然员工的执行有明确的流程规范，但员工到底能不能百分之百按流程去执行，则是另外一回事。如果管理者不完善沟通渠道，不重视对流程落实过程的监督，有可能等来一场空。

某公司老板把营销部的员工召集起来开会，给他们安排了一个市场推广任务，并给各员工分配了具体的工作内容和应担负的责任。整个会议持续了半个小时，讲完之后，营销部主管对老板拍着胸脯说："我们都清楚了，领导放心吧！"

回到办公室，主管开始动员各下属各司其职，执行老板布置的任务。然后主管就翘起二郎腿，喝着茶，哼着歌，等着下属把工作执行到位。

会后，营销主管没有过问任务的推广情况。公司老板更是对任务的落实情况一无所知。一个星期后，当营销部主管带着大家的执行成果面见老

板时，本以为会得到老板的赞扬，却未曾想到被老板痛斥一顿："你怎么做成这样子呢？完全和我想的不一样，如果你有不懂的地方，可以沟通啊！"

把任务布置下去就放手不管，以为下属会按流程去执行，往往会以失败收场。聪明的中层绝不会完全依赖于流程的约束，他们懂得在运用流程化管理的同时，积极和下属沟通，过问工作落实的情况，以实现与下属适时的信息共享，适时地指导下属落实工作。这样才能保证下属不偏不倚地按照目标去执行。

为什么汽车里要设置仪表盘呢？因为这是供司机监控用的。当司机驾驶汽车高速行驶在公路上，他需要做的是时不时去看仪表，了解当前的行车速度、油量的耗费情况、行车路线等，了解这些情况有助于及时纠正行车中的错误，预防不良的事件发生。比如，汽车油量不够时，要及时就近加满油；行车路线出错时，要及时在下一个高速公路出口更换路线。

其实，流程管理也是这个道理，虽然管理者不用想太多的事情，但唯独两件事情不可忽略：一是制定企业发展的战略和目标，这就如同控制企业这辆汽车的方向盘；二是监督战略目标的执行情况，这就如同监控汽车上的仪表盘。做好了这两件事，流程管理就会变成一件轻松的事情。

1. 重视工作落实中的沟通，确保对情况了如指掌

琳达是美国著名演说家格里·福斯特的助手。有一次，福斯特乘飞机前往多伦多参加一个会议。在芝加哥换机时，他特意给琳达打了一个电话："琳达，我演讲的材料送到多伦多了吗？"

琳达说："放心吧，六天前我就将材料寄出去了。"

福斯特问："多伦多会议举办方收到那份材了吗？"

琳达说："快递公司说保证他们两天后能收到。"

结果，当福斯特赶到多伦多的会场时，会议举办方告诉他还没收到他的演讲材料。无奈之下，福斯特只好请求会议举办方将他的演讲往后挪，等材料送到再演讲。

经历了这件事之后，福斯特意识到沟通是不可或缺的一环，沟通不仅

是过问工作情况，更应该了解事情具体进展到什么程度，必须确保事情在自己的掌控之中。有些管理者也像福斯特那样，随口问一句，下属往往用模棱两可的答案敷衍，这样管理者还是不清楚实际情况。这种无效的沟通是中层要避免的。

2. 让员工明白沟通是按流程办事的重要组成部分

一位管理者问："经常与员工沟通任务的执行情况，会不会让员工觉得我不信任他们呢?"对于这个问题，我想说的是，沟通不等于不信任，它是按流程办事的重要组成部分。要想避免流程管理中的适时沟通使下属产生不被信任感，中层有必要一视同仁地对待每一位员工的工作，并强调沟通只是为了把工作落实到位，是对事不对人的。当每位下属都认识到这一点后，他们也就会养成沟通的习惯。

3. 沟通必须常态化、职业化

流程管理中的沟通应该是一种常态化、职业化的行为，而不是时有时无的随性行为，绝不能想起来时就沟通，忙的时候就忽视沟通，否则，等到执行出了问题再去事后补救，就可能为时晚矣，到那时付出的成本是高昂的。高明的管理者往往会将沟通融入流程管理中去，当成一种习惯坚持下来，做到发现问题、及时沟通、解决问题，以保证团队按照流程的要求，把工作落实到位。

第九章

设定标准：用标准考量工作落实得好坏

团队的执行力不好，往往不是员工层面的问题，而是中高层的问题。具体来说，就是关于工作落实没有明确的标准，员工不知道应该把工作做到什么样子才叫完美；管理层在考核员工时，也不知道参考什么标准。在这种情况下，工作落实的质量可想而知。因此，每个企业都应该设定标准，用标准要求员工、考核员工。

一、一流的企业要有一流的标准

企业再造大师迈克尔·哈默曾说过："企业中有25%的员工在以低效的方法工作。"为什么会这样呢？因为很多企业没有明确的标准。没有标准，就意味着靠管理者的指令做事，至于事情做得怎么样，也要看管理者怎么提要求。没有标准，就意味着工作落实比较随意，做到80分可以，做到75分也行。这样，企业就不可能有一流的执行力。

武汉有一家企业，在多年的发展中不重视规范化管理，公司没有销售计划，没有生产标准，也没有订单审批。每次接到订单后，公司领导就填写一张生产计划单给相关员工。相关员工根据生产计划单，去购买相应的材料开始生产。

通常情况下，该公司会要求客户给他们30～45天的期限生产货物。大多数客户都会提前40天下订单，可是由于该公司缺少科学的统筹安排，生产计划是什么物料齐备就先做，结果车间的过道里堆满了半成品。

公司的关键性产品技术掌握在几个管理者手中，离开了他们别人就不敢拍板定论。每次仅试样产品就要两三次，有时候从试样到小批量试产需要半个月时间，个别款式的产品甚至在正式生产前就要耗费一个月时间。

每个月公司领导都会接到客户的投诉，原因最多的就是交货延期，其次是产品质量问题。公司领导经常忙着在电话中向客户解释、道歉，请求客户给他们宽限交货期。与此同时，领导抱怨生产人员不出货，生产人员则抱怨原材料供应不足、频繁插单，打乱了计划……

没有标准的企业，内耗太多，效率太低，经营效益自然就会受限。企业不重视标准的制定，往往是因为没有认识到标准的意义。那么，标准对企业经营、对工作落实到底有什么意义呢？我们先来看一个案例：

20 世纪 80 年代末，以生产胶卷为主要业务的厦门富达公司效益很好，当时只有非常优秀的本科或硕士毕业生才能进入富达。但是到了 20 世纪 90 年代，富达被柯达收购的时候，却是另一番景象：

当富达的优秀人才被柯达吸纳过来时，他们显得非常不自信，担心在柯达这种国际性的公司里表现不佳。柯达为了考核新员工的能力，给了他们 6 ~ 8 个月的时间来学习，使他们达到岗位的资格要求。在这段时间内，柯达会对新员工进行评估。如果新员工达不到资格标准，就会被淘汰出局。

事实上，柯达所谓的资格标准只是包含简单的时间标准，就是督促新员工快速适应公司环境和工作氛围。而这仅有的标准，就对员工起到了很好的鞭策作用。因为这个简单的标准在富达是许多年都不曾有过的。

对员工而言，有标准去规范和没有标准去规范，他们会产生两种截然不同的心态。有标准的规范，哪怕只是简单的时间标准，员工也会产生紧迫感，会督促自己在规定的时间内完成工作、达到要求，从而提升执行力。

对于企业而言，科学、规范的管理的前提就是用标准来执行。在企业管理实践中，标准是通过以下四个步骤来发挥作用的，如图 9 – 1 所示。

用标准衡量员工的表现，比较员工的表现与标准之间的差异，然后再进行行为矫正和缺点改善。如此循环往复，不断提升员工的素质和能力，提升员工的执行力，最终达到提高企业经营效益的目的。

例如，在海尔集团，有一个名为 OEC 的理论，即“日事、日毕、日清、日高”。这个理论看似简单，但做起来并不容易。它要求员工每天把该做的工作做完做好。什么叫做完？什么叫做好？海尔有具体的标准。做完之后进行评估，看哪些做到了，哪些没有做到。看做到了超额多少，应

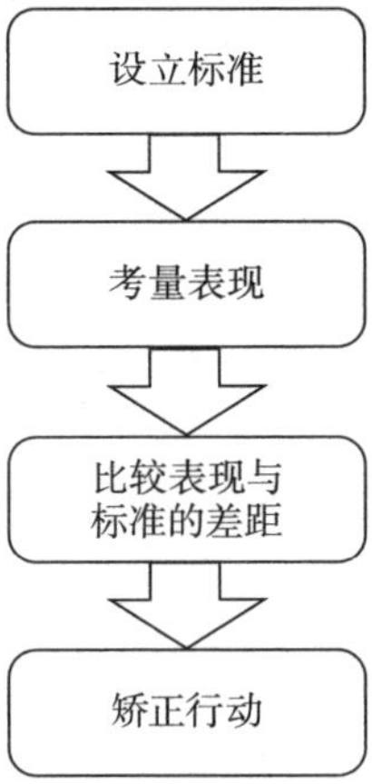

图 9－1　标准发挥作用的四个步骤

该得到多少奖金。看没做到的是哪些？应该扣除多少奖金？这些都有具体的计算标准。然后，把做得好的部分加以推广，把做得不好的地方分享出来，一起思考、分析如何才能改进。

想要用标准提升企业管理的效果，管理者要做好以下三件事：

1. 要建立完善的标准体系

建立标准就是在提高企业的复制力，复制企业一个又一个良好的成果，让企业从一盘散沙逐渐堆积成一座城堡。这期间，企业需要迈上三个台阶，如图 9－2 所示。

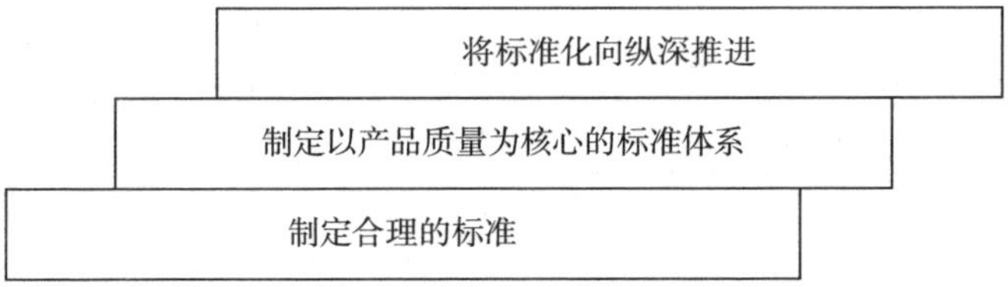

图 9－2　建立完善的标准体系要迈上的三个台阶

第一个台阶：制定合理的标准，能够确切地反映市场需求，从而生产出令顾客满意的产品，确保产品获得市场欢迎和较高的满意度，解决市场的战略问题。

第二个台阶：制定以产品质量为核心的标准体系，确保产品质量的稳定，并提高生产率，让企业能够在市场站稳脚跟，避免出现企业刚刚占领市场就由于质量不稳定而退出市场的现象。

第三个台阶：将标准化向纵深推进，运用多种标准化形式来支持产品开发，让企业具有适应市场变化的能力，不仅能够占领市场，还能在市场中站得更稳，并扩大市场。

企业实行标准化管理需要紧跟市场步调，这才能体现出企业标准化的作用与价值。当然，这三个台阶每一个都需要遵循市场经济规律，同时，每个企业都需要从自身实际情况出发，通过创新来开辟属于自己的新道路。

2. 用制度规范标准的落实

实行标准化管理的关键，就在于将标准落实到位。这离不开企业制度的支持。很多企业的标准化管理之所以实施不下去，就是因为没有配套的制度保障。

有一家汽车零配件制造厂，主要生产汽车内部的配件。尽管该公司在多年的经营中积累了不少老客户，但近年来随着客户对零配件的要求不断提高，该公司也面临业绩下滑的趋势。原因是经常有客户投诉该公司的零配件不标准，装配到相应型号的汽车上无法实现完美对接。公司的管理者也一再强调产品质量，并制定了科学的配件生产指标，但到了生产时，员工执行仍会走样。

而且，员工不按标准生产，通常不会被惩罚。因为公司根本就没有针对标准落实制定一套奖惩制度。员工是否按标准做事，不影响自己的收入，不影响自己的职位晋升。在这种情况下，员工的执行效率可想而知。所以，建议管理者一定要针对标准的落实制订一套奖惩制度，让不能落实标准的员工受到处罚，使全体人员坚决落实标准。

3. 中层要学习用标准说话

“尽快把这项工作做完！”这句话是很多中层管理者常说的，在日常工作中极其常见，很多人不觉得有什么问题。但仔细思考一下，你会发现，这句话是缺乏标准的。什么叫“尽快”？没有具体的时间标准；什么叫“做完”？没有具体的质量标准。

实行标准化管理，要求中层管理者的头脑中始终牢记“标准”二字。在日常管理中，要不断给下属设定标准，比如，服务要达到什么标准，某项工作要做到什么标准等。比如，在分配工作时，要明确规定时间，“请你今天下午3点之前，一定要把方案交到客户手里”。这样下属就明白该怎么做了，才会有助于提高下属的执行力。

二、要以目标为导向来制定标准

企业每个时期都有一个特定的战略目标，这个目标就是在这段时间内把企业发展到什么样的状态，比如，取得什么样的营业效益。然后，以这个目标为前提来制定相应的发展指标。这些指标就是企业全体奋斗的目标和方向。在这方面，日本“经营之神”松下幸之助为大家做出了榜样。

在日本松下电器的发展历程中，有一条重要的经营策略就是不断地提出新的发展目标，让员工有目标感。然后，围绕发展目标制定具体标准，让全体员工为达成指标而努力。

1955年，松下幸之助宣布了公司第一个五年计划：计划用五年的时间，把松下电器公司从一个效益为220亿日元的公司，发展成一个效益为800亿日元的公司。这就是一个具体的发展目标。

接着，松下幸之助又把这个大目标分解到每一年，让公司每一年有了发展指标。之后，他再把年度指标分解到每个员工身上，让每个员工明确这一年里自己的工作目标。为了激励大家完成自己的工作目标，松下幸之助会针对目标设定相应的标准，即满足哪些要件才叫完成了目标。

与此同时，松下幸之助公开承诺：谁能实现个人的年度工作目标，到时候就可以享受到与西方发达国家相同的薪酬待遇。经过五年脚踏实地的发展，松下公司的五年计划顺利实现，松下幸之助也兑现了对员工的薪酬承诺。从此，员工士气大振，松下电器公司走上了新的发展历程。

目标是一个企业发展的动力，而标准就是为了目标而产生的。企业有了明确的发展目标时，管理者就有了制定标准的重要依据。有了标准之后，员工做事才有参照，管理者在考核员工时才有具体指标。在这种情况下，员工落实工作，才会充满目标感。

反之，如果企业没有明确的发展目标，管理者在制定工作标准时往往稀里糊涂。当工作标准不明确，不具有针对性时，员工在落实工作时，就容易失去参照物和目标感。没有了参照物和目标感，执行的动力就会受到影响。

联想集团董事局名誉主席柳传志说过："目标是最大的激励。"对于实行标准化管理的企业来说，工作标准对员工是最大的激励。作为企业管理者，最重要的一项职责就是以目标为导向来设定标准、分派任务，让每个员工都清楚自己要做什么、做到什么程度。

那么，管理者应该以目标为导向来设定指标呢？

1. 先确定一个可量化的目标

为什么强调企业目标一定要可量化？道理很简单，那些笼统、含糊的目标，会让人不知所云。比如，某公司提出一个目标：要按照国际一流标准建设好队伍。还有公司提出目标：要打造一流的企业，要成为行业里的强者。这样的目标听起来很振奋人心，可实际上没有导向意义。因为你根本不清楚怎样才算达到了这个目标。

真正有效的目标是可量化的目标。哪怕是中长期目标，也应该具备可量化性。例如，有一家企业将公司的年度销售目标定为 1500 万元，利润达到 500 万元。这样的目标就特别具体，到了年底是否达到，财务一核算就清清楚楚。

除了量化目标之外，还应该量化目标完成的时间。举个例子，某公司提出完成 1500 万元的销售额，但是却没有确定多久完成这一目标，是一季度？还是全年？这个完成的期限一定要清楚明白，有了期限的目标才是有效的目标，才能对团队产生约束力。

2. 从四个维度去制定工作标准

针对目标定标准时，一般要从四个维度出发：时间、数量、质量、成本，如图 9－3 所示。

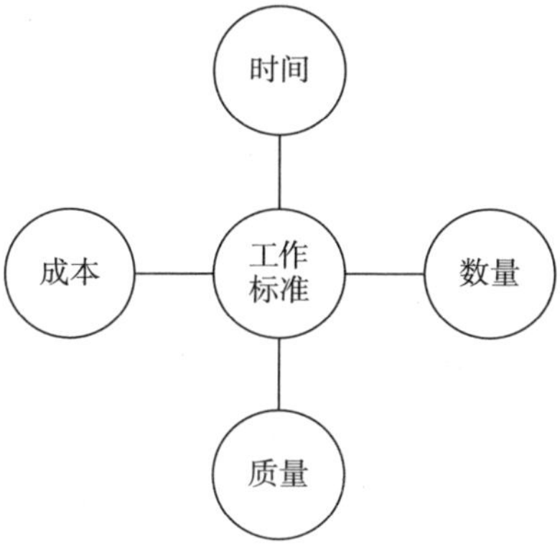

图 9－3　制定工作标准的四个维度

时间——目标何时完成？确定一个具体的起始时间。针对企业的中期目标，比如，设定的完成时限可以是 2016 年 1 月 1 日—2018 年 12 月 31 日。

数量——目标具体是多少？比如，销售目标 1500 万元，利润 500 万元，就是关于数量的标准。

质量——具体的质量标准有哪些？比如，产品合格率达到 99.9%，服务好评率 100% 等，就是关于质量的指标。

成本——达成一个目标，所耗费的成本是多少？这是管理者必须考虑的问题。因为企业是一个以追求利益最大化为目标的经济组织，成本越低，利润越高，企业效益才越好。比如，将全年原材料成本控制在 300 万元以内，这就是关于成本的标准。

3. 尽可能地细化执行的标准

有些管理者认为，在大事上制定详细的执行标准即可，在小事上没必要制定执行标准。其实，这种想法不对，因为越是小事，员工越容易随意而为，因此，在制定执行标准时，必须尽可能地细化到小事上，详细地规定具体应该怎样做。在这方面，麦当劳就做得相当到位。

麦当劳不但在大事上严格制定标准，比如，为了确保每一个汉堡包都美味可口，规定了几个标准：坚持用100%的纯牛肉，所有原料供应来源必须符合国际标准，并要通过40多项指标的严格检测。在小事上也制定了严格的执行标准，比如，炸出来的薯条如果在保温箱中超过7分钟，就必须扔掉。正是这些看似微不足道的执行细节，造就了麦当劳经久不衰的神话。

再比如，一家沙发厂为了完成每月生产500套沙发的目标，特别规定如下标准：每套沙发的边角木料打40秒，每个沙发位贴皮3分钟，安装好一套沙发20分钟，等等。这些标准就非常具体细化，便于落实到位。

三、严格的标准是细节堆出来的

标准化管理之所以能够为企业发展铺平道路，不仅是因为它给管理者提供了考核员工的具体指标，还在于它为员工提供了执行的参照。这种参照是方方面面的，即在工作的各方面都有具体可对照的指标，让员工知道该怎么做，才能把工作做到位。换言之，严格的标准是细节堆出来的，应该从细节入手，确保可量化、可落实。

在世界范围内，中餐的传播并不是很广，而肯德基、麦当劳这样的西式快餐，发展至今却有几千家。为什么西式快餐容易在全世界推广？而中餐却不容易推广呢？这里面就涉及标准的问题。

中餐强调色、香、味，但是色香味怎么衡量呢？没有具体的标准。没有了标准，操作起来就很难达到色香味俱全。据说有一位欧洲教授想学做中国菜，特地聘请了一位中国厨师和一位翻译（因为中国厨师不会说英文）。

教学开始了，厨师和教授一人一锅。点火之后，教授问厨师："锅要烧到多热？"

厨师说："这个自己看着把握，一定要注意火候！"

教授不明白，问："什么叫火候？锅烧到多少度才叫火候到了？"

厨师说："差不多就可以了。"

教授又问："差不多是多少度？"

厨师无言以对。

接着，把菜倒入锅中，开始翻炒，并陆续加佐料。厨师加佐料很快，率性而为。教授不明白，就问："这些作料分别该加多少克？"

厨师说："适当地加一点就可以了！不用那么死板，要灵活一点！"

就这样，厨师和教授都炒好了一盘菜。厨师炒的菜色香味俱全，但教授炒的菜既没有卖相，也没有好味道。为什么两人炒的菜差别那么大呢？因为厨师经验丰富，他在运用经验炒菜，而教授没有任何经验。

再看看肯德基、麦当劳的汉堡包、薯条是怎么制作的，他们有非常严格的标准，鸡翅多重、炸多久，汉堡包多厚、存放多长时间，这些都有非常明确的标准。在服务方面，也有很多具体的标准。麦当劳、肯德基的员工，只要按照这些标准去做就行，按照这些标准制作的汉堡包、炸鸡翅、炸薯条，就是一个口味的。所以，在全世界任何文化背景里，肯德基、麦当劳都能推广开来。

既然严格的标准对工作落实如此重要，那么管理者如何才能制定出严格的、可操作的、细化的标准呢？

1. 针对工作中的问题根源去定标准

当你发现工作落实不到位，产品质量出了问题时，应该深入实际调查，找出问题根源，并设定相应的工作标准。用标准去规范员工的执行，提升员工的落实质量。在制定标准之前，要深入思考这样几个问题：想要通过定指标达到什么样的管理目标，想通过定指标解决什么问题，需要从哪些方面下手才能解决问题。带着这些问题去调查研究，才可以做到有的放矢。

陈先生经营一家家具公司三年多。虽然行业竞争激烈，但由于他善于寻找客户，设计的家具比较新颖，因此这三年来公司效益一直很不错。

可是最近这段时间，陈先生发现公司的家具质量不像以前那么过硬。于是他深入实际调查，发现这与所选用的木材材质有关。相比于以往，这批木材的质地较硬，按照以往的生产制作标准，很难保证家具的边角完美契合。

发现问题后，陈先生及时拟定了新的制作标准，并传达下去要求大家遵守。很快，公司的家具质量又上去了。

当工作出现问题时，管理者最好亲自去调查，针对问题分析深层原因，并制定更符合实际的标准。在制定标准时，要多考虑一些问题，比如，标准是否具体，标准是否可量化，标准会不会太高了，标准是否具有可操作性，等等。

2. 指标不能空泛，要具体、可量化

好的标准绝对不是泛泛而谈的，而是具体、可量化的，是可以用数据去衡量的。比如，工作完成率达到多少才叫合格？产品合格率达到多少才算优秀？这些都必须有可量化的指标。对于一些不能量化的内容，也应该有具体的说明，到底应该怎样？要让大家都能看明白。这样才有可操作性，才容易被贯彻实施。

3. 定标准还应考虑企业的行业规则

要想制定一个适合企业的标准，管理者除了针对具体问题做调查外，还要结合企业所处的行业规则进行考虑，不能把企业的标准和行业的标准割裂开来。比如，同一款螺帽的口径、同一款水管的管径，行业内都是有规定的。企业自行将螺帽的直径改小或改大一点，以为这样的螺帽应用性更广。但实际上，只会弄巧成拙。

要知道，企业不是一个孤立的个体，很多产品必须符合行业标准，才能具备实用性，才能在市场上站稳脚跟。忽视行业标准，自己搞一套特殊的标准，就算标准再好，消费者也可能不买账。所以，管理者定标准时切勿闭门造车，一定要参考行业行规。

四、标准不是越多越好，而是要抓关键

对于任何一家企业的管理者来说，都应该清楚公司发展的关键在哪。所谓发展的关键，即做好哪些方面的工作才能促使企业良性发展。而不是想当然地认为，企业的方方面面都要用标准去规范和管理。在这方面，著名的食品品牌公司“哎呀呀”就做得很好。

“哎呀呀”创立于2005年，在总裁叶国富的带领下，凭借着特殊的营销模式和不断进取的信心和决心，以及卓越的创新能力、团队合作能力、富有激情的企业文化等，迅速占领了国内市场，成为女孩饰品的专家。2013年，“哎呀呀”更是获得了“中国500最具价值品牌”的称号，品牌价值突破了20亿元，跻身中国品牌500强行列。

一个小小的饰品公司，能够做到这么大的规模，简直算得上是一个奇迹。对此，叶国富曾说：“‘哎呀呀’的发展与各个连锁店采用的标准化管理是分不开的。这也是他本人对沃尔玛、麦当劳等知名连锁企业做过多年研究之后得出的经营秘方。”

叶国富非常清楚，“哎呀呀”的发展离不开最新的产品知识、促销技巧和管理技巧。因此，他在这些方面下足了功夫，制定了相应的指标。包括每周都会开设讲座，对各加盟商进行培训。还在很多加盟店安装了ERP系统，为加盟商提供最新的数据。

哎呀呀每周一还会发一些新品种给各地的加盟商，加盟商拿到货物以后可以进行试卖。不管卖得好不好，都会把信息反馈到总部，让总部了解新品的销售情况。叶国富说：“在我们的ERP系统中，每半个月进行一次进货量统计，这样加盟商就会马上看到哪些产品销量第一，也方便他们及时补货订货。”正因为叶国富抓住了设定指标的重点，才会轻松地管理“哎呀呀”的所有连锁店。

标准太多，意味着条条框框太多，势必会给员工制造压力感。因此，标准不是越多越好，而要抓关键，要少而精准，即针对关键方面设定科学的标准。对于无关紧要的方面，则尽量不要设定无意义的标准。

管理者拥有的时间和精力是有限的。高明的管理往往懂得抓大放小，有所放弃。在设定标准方面也是这个道理，若能做到抓重点、抓关键，在大的方面设定具体的标准，让大家去遵守，企业就能在井然有序中稳步向前发展。

那么，突出重点地定指标，具体应该怎么做呢？

1. 把无关紧要的标准剔除掉

管理者在定标准时，不能眉毛胡子一把抓，不要想着方方面面都定标准。如果管理者在一些无关紧要的方面用硬性的标准去要求员工，有可能非但起不到激励作用，反而会打击员工的积极性。

比如，谷歌公司曾以工作自由而著称，他们对员工的要求是，只要在规定的时间内完成相应的工作，不来公司办公也可以。在这里，完成工作任务才是关键，针对完成任务设定相应的指标，以考量员工的工作是否落实到位，才是管理的关键。而员工来不来公司坐班，几点下班，这是次要的，是由员工自行决定的。管理者就不用在这方面浪费时间和精力去设定标准，约束员工。

2. 标准的描述要简明扼要，便于理解

在制定标准时，一定要对标准的具体规定有一个简明扼要的描述。比如，这个标准希望员工怎么做？标准描述不清，就可能被员工钻了空子，故意歪解，从而不去落实标准。

比如，某公司规定，员工每个月必须达到90%的出勤率，否则就得不到全勤奖。这就是一条令人费解的标准，按照每月22个工作日来计算，90%的出勤率意味着19.8天出勤。而且“出勤”是指什么？是来公司打个照面吗？还是指按时上下班？如此定标准，倒不如换一种方式：员工每个月至少保证20天不迟到、不早退、不请假，否则，得不到全勤奖。这样是不是更容易理解呢？所以说，所定的标准切勿带有歧义，让人产生误

解。否则，标准的落实效果将会大打折扣。

3. 标准要随企业的发展状况灵活调整

在实行标准化管理的过程中，企业所制定的各项标准并不是一成不变的，而要跟随企业的发展状况灵活地调整。我们知道，企业发展的过程，是不断解决问题、不断提出问题、再不断解决问题的过程。不同的问题，在解决时所用的标准是不同的。因此，管理者要树立优化标准的意识，伴随着企业发展所遇到的新问题，不断修正标准，让标准更符合企业发展的实际，更好地规范员工的执行。

五、标准必须是可实现、可操作的

经常听到一些中层抱怨，说公司有了标准，员工却不能把标准落实到位，要标准有什么用？对于这种情况，我们深入分析后发现，员工不能落实标准，一方面与他们自身的素质有关，另一方面还可能与标准有关。试想一下，当标准太高，缺乏可操作性时，员工怎么能把标准落实到位呢？

有一家大型连锁酒店制定过这样的卫生标准，规定：酒店厕所里的蟑螂总数不得超过多少只。至于具体是多少只，各地不一，北京分店厕所的蟑螂数不能超过两只，南京分店厕所的蟑螂数不能超过五只，到了南昌又是三只……

为什么规定这些具体的蟑螂数呢？该公司标准的制定者拿不出科学的依据，而是跟着感觉走。实际上，别说蟑螂是很难控制的，就是蟑螂在厕所里等着人去数，也难以考核得那样严格细致。所以说，这样的标准太高了，是不切实际、很难落实的。

这个例子告诉我们，在制定标准时不能盲目拍脑袋，只跟感觉走，而要从实际出发，保证标准的可操作性。这样的标准，才不会变成一厢情愿，成为一纸空文。

有一家服装企业的老板，在公司运营取得一定的效益后，开始抓企业的指标管理。虽然企业最初制定了指标，但是很少有人按照指标执行。而且，几年前的指标已经跟不上公司发展的脚步，于是老板与高层管理者开始对公司相关工作内容进行调查，针对各项业务设定了指标。然而，指标贯彻过程中，员工们怨声载道。他们发现这些指标很多是不切实际的，再怎么努力也无法达到。最终，这家服装企业的指标化管理以失败收场。

标准是否具有可行性，直接关乎指标能否解决实际问题，能否贯彻实施。如果指标要求太高，太严格了，执行起来难度就会很大，效果就会大打折扣。这种指标虽然对解决实际问题很有效，但由于无法落实到位，最终还是起不到解决问题的作用。因此，制定一个合理的指标尤其重要，它必须是切实可行、可操作的。

那么，怎样才能确保标准的可操作性呢？以下三点是要注意的，如图9－4所示。

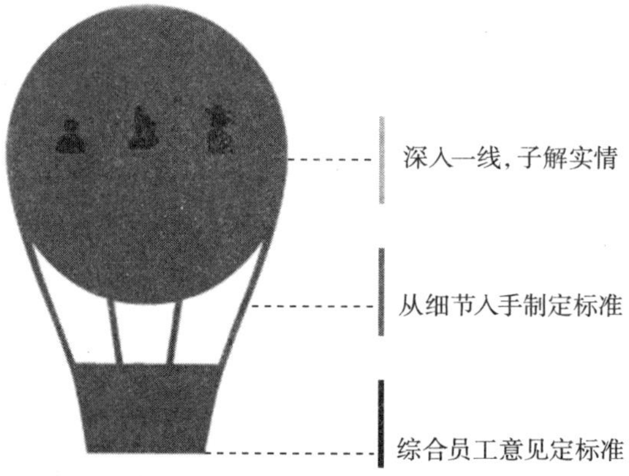

图9－4　确保指标切实可行的三个要点

1. 深入一线，了解实情

很多企业管理者之所以制定的标准不切合实际，一个重要的原因就是这些管理者不懂得深入一线了解实情。不了解实际情况，就很难定出切合实际、可操作的标准。作为中层管理者，应该对一线的情况进行详细的考察和了解，明白公司最基本的情况。为制定标准找到客观的依据，这才是保障各项工作落实到位的前提。

有一家药品代理公司自从换了销售总监之后，便遇到了前所未有的困境。新的销售总监是一位来自德国的华裔年轻人，他不仅拥有经管学位，还在国际知名财经杂志上发表过管理方面的文章。该药品公司聘请他，就是想让他带领公司走上一条国际化的发展轨道。但事实并非如此，他在做决策、定标准时不能深入一线了解实情，而是想当然地拍脑袋定标准，结果标准无法落实，公司发展陷入困境。

2. 从细节入手制定标准

不少企业管理者在定标准时，没有从细节问题着手，没有找出问题的症结所在。如此一来，就容易导致标准与现实脱节，缺少可操作性。

有一家生鲜供应商与多家酒店签订了长期供货合约，规定每天早上7—9点向各酒店提供一定数量的生鲜。有一次，生鲜公司接到一家酒店的投诉电话，对方表示要和他们解除合作关系，还要求他们赔偿损失。原因是他们提供的生鲜并不新鲜，有些甚至发霉、烂掉了，导致顾客吃了之后拉肚子，客户投诉酒店，索要赔偿。酒店自然把矛头对准了生鲜供应商。

生鲜公司老板接到电话后，非常震惊，但他并未意识到问题出在哪里，而是一味地斥责手下的员工，说他们做事不负责，竟然把不新鲜的生鲜给了客户。可是，他并没有想到，公司的生鲜在生产、包装、运输中缺乏各项细化指标的规范。

这个案例告诉我们，在制定标准时，切勿粗枝大叶、泛泛而谈，不能着眼于细节问题的标准是没有可操作性的，也是难以发挥应有作用的。时间久了，员工就会以一种应付的态度去对待。明智的做法是，用心发现细节上的问题，针对细节制定切合实际的标准，这样的标准才能对执行起到规范和促进作用。

3. 综合员工意见定标准

俗话说得好：不懂就要问。可是有些管理者不愿意向员工请教问题、征询意见，好像一旦向员工请教问题、征询意见，就显得自己失去了威信和影响力一样。其实，实际情况恰恰相反，懂得向员工请教问题、听取员工意见的管理者，不仅能营造民主的沟通氛围，激励员工参与到企业决策中来，还能集思广益，吸取众人的智慧，制定切实可行的标准。

某日化用品公司最近几个月的产品生产量出现了下滑，老板有些纳闷，当他看见员工懒懒散散的样子时，认定生产量下降与员工的积极性不高有关。于是，出台了一系列规定来约束员工的懒散行为。

后来，公司一位中层主动与多名部属沟通，了解他们积极性不高、工作落实不到位的原因。这才得知一切都与公司定的生产标准过高、无法实现有关。大家想着反正努力也无法达到那些标准，那干脆就敷衍了事。于是，中层及时和高层沟通，调整了生产标准，员工的积极性又恢复了。

管理者要明白一点，你所定的标准最终都是要靠员工来实行的。只有当员工认可你的标准，认为你的标准是可以达成的时候，你的标准才会对员工具有激励效果。因此，在制定标准时，不妨放低姿态，鼓励员工参与进来，或主动询问员工对指标的看法，综合员工的意见去定指标。如此，才更容易定出切合实际的标准。

六、让标准跟得上企业发展的步伐

美国汽车大王亨利·福特曾经说过："今天的标准化是明天改进的必要基础。如果你认为今天的标准化是今天你所知道的最好的事情，但明天就需要改进，那么你一定会取得进步。但是如果你认为标准是一种限制，那么进步就会停止。"

对于亨利·福特的这句话，我们可以这样去解读：某些标准在今天看来，对工作落实起到了很好的规范作用。如果你不去持续调整、持续优化，明天它就可能对员工失去挑战性，对工作落实失去应有的促进作用。社会在进步，企业在成长，竞争在加剧，这一切都要求企业的相关标准适时调整，紧跟企业发展的步伐。

德国有一家大型炼钢厂，每个月的耗电成本高达几十万美元，经过深入反思和认真总结，公司中层发现这与他们指定的操作标准过低有关，于是炼钢厂提高了炼钢流程中各道工序的操作标准，并制定相应的奖惩措施。

这天，炼钢车间甲班的班长巴赫拉接到一张100欧元的违规考核罚单，因为他前一天在操作过程中，还是按原来的标准操作，导致当炉钢的冶炼时间过长，耗电量增加。

在接到罚单后，巴赫拉十分不满，向上司抱怨："以前我们不都是这样操作的吗？又没影响生产，凭什么罚我？"上司耐心地解释道："以前我们的操作标准过低，研究发现：我们提高操作标准后，只要按照这个标准操作，丝毫不影响冶炼质量，这样能减少耗电，保证企业盈利，这对我们每一位员工也是有好处的。"

自此之后，员工明白了企业提高流程标准的用意，大家慢慢调整了自己的工作习惯，按照现有的标准来执行。一段时间后，公司发现取得了减少成本的良好效果。

企业标准的不断优化和提高，意味着员工的执行力在不断提升，也意味着企业在不断发展和进步。这就是标准的作用，它的存在就是为了打造更好的团队执行力。在这方面，我国台湾著名出版人何飞鹏就深谙其道。

何飞鹏曾经在很长的一段时间内认为，文化产业是思想型、创意型的工作，要想让创意飞翔，就不能对员工进行高标准的要求，否则会阻碍创意产业的发展。有了这种认识，何飞鹏对员工的管理就比较宽松，从来不敢提高标准、严格要求，生怕阻碍了员工创意的形成。可是这样做并没有得到他想要的结果，相反，员工的表现让他大失所望：工作不能按时完成，不能高质量地完成、不能精准地完成……

痛定思痛后，何鹏飞改变了管理理念。他开始用高标准、严格要求来管理员工。他开始要求员工准时、守时，执行任何事都不能拖延。当员工抱怨工作期限太短，任务太重，并说"如果再给我三天，我会做得更好"时，他的回应是："不要用质量做借口，多给三天你也未必能写出更好的稿子，质量不能把握，还是先把握时间！"

在这种高标准、严要求的管理之下，何鹏飞发现工作流程变顺畅了，所有的工作都变得可以规划、可以预期、可以管理，而且员工的工作效率大大地提高了，而公司的产品质量、业绩以及整体获利也上升了一个高度。

俗话说得好：严师出高徒。高标准、严要求就像“严师”一样，它能对员工起到有效的约束作用，激发出员工的执行潜力。当一项标准屡次被轻松达成，说明该标准失去了挑战性，管理者应该适时调高标准。反之，如果一项标准屡次无法达成，说明该标准定高了，管理者应适时降低标准的实现难度。

那么，怎样才能让标准跟得上企业发展的步伐呢？

1. 针对结果倒回去反思，并适当调整标准

针对标准达成的难易程度，判断标准高了还是低了，如果某个标准执行起来太容易，那么它还有上调的空间。上调标准一方面是为了让工作落实质量更进一步，也意味着对员工提出了更高的要求。下调标准是为了让标准更符合企业的实际状况，让员工更好地落实工作。最终，也是为了企业更好地发展。

2. 强调并营造“结果为导向”的执行文化

标准再好、再清晰，如果员工没有“以结果为导向”的执行精神，那么执行到位也难以保证。在实际工作中，为什么有那么多人喜欢找借口？就是因为他们缺乏“以结果为导向”的执行精神。因此，管理者要经常强调“执行必到位”“拿结果说话”，并重视绩效考核，而且针对执行结果，制定相应的激励措施，这样才能从培养员工的执行到位。

英特尔公司前 CEO 安迪·葛洛夫曾写过一本书，叫《高效率管理》，主要就是探讨如何让团队达成可预期的目标。他本人十分注重以结果为导向，他不仅要求公司内部的每一位成员定期设定可评量的目标，并依设定的时间表提出阶段性的成果。正是这种以结果为导向的管理模式，使得英特尔始终秉持着务实、创新的经营理念，无论在产品、研发或是服务方面，都能为客户带来最大的利益。

第十章

落实标准：标准的威力在于落实到位

中层不能认为有了标准就可以了，最关键的是要求员工将标准落实到位，这样标准的约束作用、规范作用才能发挥出来。所以，标准的威力在于落实到位。落实不到位的标准，如同一纸空文，不但没有作用，反而会破坏企业的规矩，造成消极影响。

一、标准的生命力在于落实到位

企业为什么制定标准？为的是规范、约束员工，提升员工的执行力，促使团队打造出一个又一个完美的结果。如果标准不能落实到位，那么它就形同虚设，没有任何意义。

万科集团上海分公司有一个销售主管，因在公司遭遇了不公的待遇，居然在大年三十飞往深圳总部“告状”，投诉上海分公司违反人事制度把他解雇了。事情是这样的：

该销售主管与总部刚刚派下去的销售经理在工作中发生了严重的冲突。销售经理征得上海分公司总经理和副总经理的同意后，把该销售主管解雇了。但是按照万科集团的人事处理标准：基层管理者工作上犯了错误，要先做降职处理。如果降职后，表现仍然不好，才能将其辞退。

根据这条标准，上海高层的做法确实有错在先。然而，销售经理却要挟道：“如果总部撤销解雇决定，他就辞职。”事情到了这一步，显然非常棘手。

很多人认为，销售经理的能力比销售主管的能力强，为公司做的贡献更大。所以，总部会采取舍小保大的做法，将销售主管辞退。但是万科董事长王石却做出了一个出人意料的决定：要求上海分公司收回解雇销售主管的命令，对销售主管进行降职处理，同时接受销售经理辞职的请求。

在这个案例中，王石不惜舍弃销售经理，也要坚决落实公司的人事处理标准。这种做法维护了万科标准化管理的严肃性，也体现了对不按标准办事行为的“零容忍”。所以，公司一旦制定了标准，就应该严格按照标准去办事。只有这样才能维护标准的严肃性，营造出按标准办事、按标准落实工作的良好氛围。

标准是执行的参照物，脱离了这个参照物，执行结果就容易出现偏差。脱离了这个参照物，执行结果再漂亮也没有意义。尤其是在现在强调团队作战的时代，任何一个人脱离了标准的控制，都会引起团队的混乱，降低团队的执行力和战斗力。

而能够严格按标准办事的企业，则会迸发出超强的竞争力。日本很多企业为什么能创造出高品质的产品？就是因为透明恪守质量标准，无条件落实标准，不搞特殊。为此，在落实标准时要注意以下三点，如图 10－1 所示。

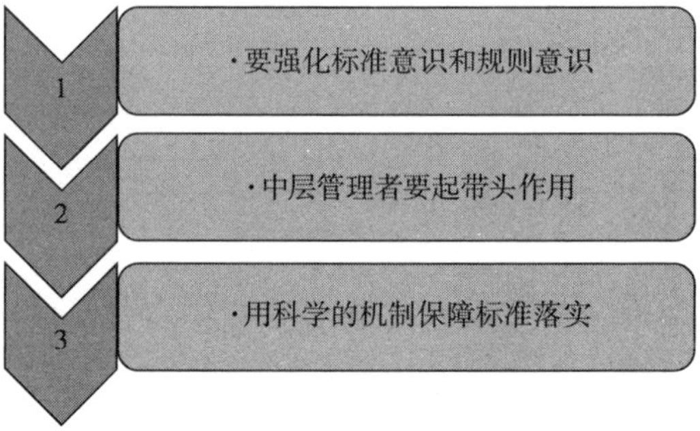

图 10－1　落实标准要注意的三点

1. 要强化标准意识和规则意识

标准就是行为规则，强化标准意识，就是强化规则意识。当员工有了强烈的按标准去执行的责任意识后，他们就会把标准看得高于一切。在标准面前，没有职务的高低之分，也没有关系的亲疏之分，更没有特殊员工，谁都没有特权，一旦标准定好了，就必须坚决落实到位。

标准的落实不是部分按标准做，而是步步都按标准去做。不是时而按标准去做，而是时刻都要按标准去做；不是高层强调标准落实就去落实，而是把按标准落实牢记于心，把标准当作自己的行为规则，时刻都要自觉地落实标准。

2. 中层管理者要起到带头作用

中层管理者是落实标准的带头人。中层以身作则、遵守标准，那么就会形成整个团队都遵守标准的良好气氛。当每个团队、每个部门都能遵守标准，把标准落实到位时，整个公司就会把标准落实到位。

有一家广告公司在实行标准化管理时，老板召集公司几位中层开会，向他们强调落实标准的重要性。还特别提醒，哪个部门没有落实好标准，哪个中层就要受处罚。在这种严格要求下，几位中层纷纷表现出很强的责任感，在标准的落实中起到了很好的示范作用。公司上下，人人遵守标准，按照标准办事。基于这样的氛围，这家公司效益良好。

落实标准，往往取决于中层管理者的态度与执行力。中层既是执行者，又是领导者，他们能不能发挥好带头作用，直接关系到标准能不能落实到位。所以，中层要有责任意识、榜样意识，要严格要求自己。

3. 用科学的机制保障标准落实

有一家集图书编辑、出版、销售于一体的公司，虽然公司有一定的规模，但是却一直原地踏步。公司老板制定了一系列的标准，下达后却没有得到任何的成果。原因就在于老板在制定标准时，只是为了企业而思考，却没有想到员工，这样不科学的标准，让企业再一次进入停滞状态。

建立科学严格的管理机制，是战略执行力的保障。随着企业的发展、规模的不断扩大，只有在管理模式和管理机制上下功夫，确立严格的制度保障，才能建立规范的、有章可循的“以标准规范人”的管理方式，才能增加内部管理的公平性，才能明确管理者的责、权、利，从而提高管理效率和执行力。

二、高标准、严要求，杜绝执行打折扣

不知道你是否发现，同样是完成一项工作，为什么有企业的员工能做到100分，而有些企业的员工只能做到60分？对于这种现象，一方面与工作落实者的责任心、能力素质有关，另一方面也与企业定的标准高低有关。如果企业设定的标准较高，并出台相应的奖惩措施，往往就很容易激发员工的执行力。

一位音乐老师给学生一份超高难度的乐谱，学生一边翻乐谱，一边小声地嘀咕着："这太难了，简直不知道怎么下手。"在老师耐心地教导下，学生每天不停地练习。每次老师听完他的弹奏，都会说："还不熟，回去好好练习！"

学生练了两个星期后，老师又给了他一份更难的乐谱，继续让他每天练习。突然有一天，老师给了学生一份难度较低的乐谱，学生发现弹奏起来非常轻松。老师肯定他道："这就是老师之前一直给你高标准、严要求带给你的蜕变。"

从这个例子中可以看到：高标准带给一个人的能力和执行力的提升。在落实指标时，管理者也应该像那位老师一样，对员工提出高标准，鼓励员工把标准落实到位。

高标准是指标落实到位的保障，是提升执行效果的重要手段。当员工对工作有了较高的标准时，他的责任意识就会更强，他的工作态度就会更好，更不会产生"差不多就行了"的念头。除了高标准，企业对待标准的落实，还要有严要求，严要求意味着一旦发现有人不按标准办事，就要严肃地处理，绝不允许不规矩的行为发生。

美国有一家中等规模的公司，素来以不炒员工鱿鱼而出名。不过，凡事都有例外。

这天，资深车工罗斯特在切割一块钢材时，觉得切割刀上的防护挡板有些碍手，就把它卸下来放在一旁。没有防护挡板，虽然埋下了安全隐患，但切割的时候更方便、更快捷。这样罗斯特就可以赶在中午休息之前完成三分之二的零件。

不巧的是，生产部主管巡视车间时看到了这一幕。主管当即勃然大怒，令他立即将防护板装上。之后主管训斥他很久，并声称要扣罗斯特一天的工钱。

第二天一上班，罗斯特就被老板叫到办公室。老板说："身为老员工，你应该比任何人都明白安全对于公司意味着什么。你今天少完成了零件，少实现了利润，公司可以换个人换个时间把它们补起来，可你一旦发生事故、失去健康乃至生命，那是公司永远都补偿不起的……"

离开公司那天，罗斯特流泪了，工作了几年时间，他有过风光，也有过不尽如人意的地方，但公司从没有人对他说不行。可这一次不同，罗斯特知道，这次碰到的是公司的灵魂。

日本软银公司的董事长孙正义曾经说过："三流的点子加一流的执行力，永远比一流的点子加三流的执行力更好。"同样，管理企业也是这个道理，三流的标准加一流的执行力，永远比一流的标准加三流的执行更好。

那么，在实行高标准、严要求时，应该注意什么呢？

1. 落实到位没有任何借口

"没有任何借口"，这是美国西点军校最重要的行为准则之一。对于落实标准、执行任务来说，找借口是特别不好的习惯，它会造成标准落实不到位，工作任务无法完成。管理者要认识到，如果员工在每个环节上都打个折扣，都降低一些质量标准，只执行 99%，那结果可能是这样的：90% ×90% ×90% ×90% ×90% =95% 。

通过这个公式我们可以发现：打了折扣的标准落实，最终不可能落实到位。战略决策在执行过程中一旦打了折扣，就会偏离方向；工作标准在落实过程中一旦打了折扣，就意味着质量有问题，意味着产品不合格。

世界上每天都有企业破产，它们破产往往从1%的执行折扣开始，最终导致100%的失败。正如一位著名管理学家说的那样："从你手中溜走1%的不合格，到了用户手中就会变成100%的不合格。而一旦用户对你的产品失去了信心，结果就是你的产品卖不出去，企业运转失灵，最后关门。"

2. 加强员工执行力的培养

有一家图书出版公司，业务量很多，编辑人手不够，但又迟迟招聘不到合适的人才。公司老板为了减轻编辑的压力，便降低了稿件质量的标准。只要能够每月按时交稿，就不会因为一些细节处理不当而处罚他们。但是，也正是由于老板这种态度，编辑开始慢慢降低对自己的要求，到后来越来越敷衍了事。最后，出版的图书质量问题频出，还有很多稿件被出版社退回，要求重写。这严重影响了公司的出版计划和效益。

团队执行力不够，管理者要做的是设法培养团队的执行力，而不是降低工作标准，让员工看起来能够胜任工作。如何培养员工的执行力呢？我们不妨看看IBM是怎么做的。

IBM拥有世界上最强大的销售团队，还有最完美的售后服务。之所以能做到这点，就是因为IBM公司重视对每位员工进行详细的培训指导。IBM规定：表现优异的员工要带领一名新员工或表现不佳的员工，对他们进行一对一的指导。通过一帮一、一带一的办法，大大提升了团队的执行力，保证公司各项工作落实到位。

3. 坚决维护标准的严肃性

标准化管理是一件严肃的事情，当发现员工不按标准办事，不把标准当回事时，中层一定要按制度处理，而不能搞特殊化，乱了规矩。

一天，一位员工因不按标准办事，导致公司一批货物质量不合格，给公司造成了不小的损失。这位员工与部门领导的关系不错，就向领导求情，请求宽恕。领导不忍心按制度处罚他，就对他说："下不为例！"后来，这件事被公司高层知道，高层不仅严肃处罚了不按标准办事的员工，还严肃处罚了不按制度办事的部门领导。

标准的落实除了靠员工的自我要求、自觉遵从，还需要公司从制度上去督促。对于不按标准办事的行为，管理者应该严格按照制度规定去处理，绝不能姑息纵容种种违反标准的事情。这样才能维护标准的严肃性，才能维护公司的规矩，保证企业正常发展。

三、帮员工树立“标准化作业”的意识

标准化作业是标准化管理的具体要求，就是要求员工明确各自的岗位责任，确立自己的位置，知道自觉应该做什么，不应该做什么。具体来说，标准化作业是成文的、方法最佳的、100%的落实工作的方法。

所谓成文的，即形成文件的规定。比如，古人射箭、武术套路中的各个动作，都有书面的描述。所谓方法最佳，指的是无论从效率、安全、质量还是成本来说，都是最优的；所谓100%的落实，即必须达到质量标准。

那么，是不是所有的工作都适合采用标准作业呢？答案是否定的，那种零碎的、单项的、机动性强的工作，都不适合采用标准化作业。标准化作业通常应用于工作内容可以重复的工作上。实行标准化作业的好处有：

（1）让员工严格按照预定的流程操作；

（2）通俗易懂，员工看完作业说明书，加上简单的培训，即可上手；

（3）标准化作业可以为公司的发展带来稳定的保障；

（4）标准化作业可以为产品质量提供稳定的保障；

（5）标准化作业可以避免因人才流动而导致生产不稳定。

通常来说，标准化作业由三个重要的因素组成：周期时间、作业程序、标准手头存活量。下面我们就来具体介绍这三个因素，如图10－2所示。

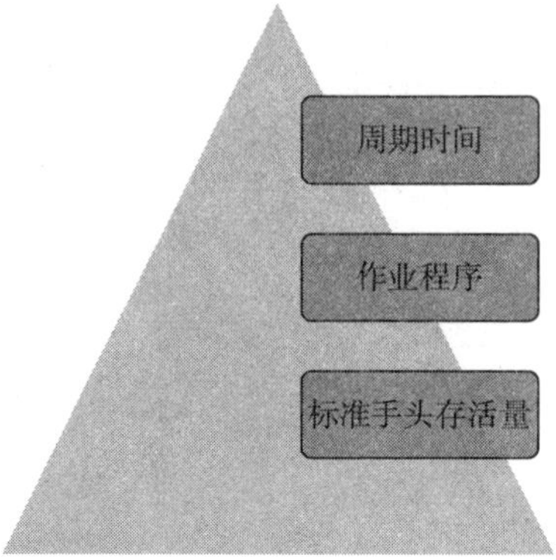

图 10－2　标准化作业的三个因素

（1）周期时间。

周期时间，顾名思义指的是完成一个工序所需的必要的全部时间。在工作中，如果没有时间限制，工作落实就会失去保障，因为员工可以随意地按照自己的想法，推迟或提前完成规定的工作。推迟完成任务，会导致公司产品无法及时供应给客户，影响公司的形象；提前完成任务，则可能影响工作的质量，还会给下一道工序造成不利的影响。所以，不管哪一道工序的工作，都需要一个标准化的作业时间。

（2）作业程序。

作业程序，指的是对将要完成的工作，按照预先设定好的步骤去做。如果没有作业程序，或者作业程序不明确、不精简；或者有作业程序，员工却不按作业程序去做，都会造成工作的延迟完成或落实不到位。对企业而言，如果各道工序没有标准程序，整个工作现场将会变得混乱不堪，还会造成很多不必要的浪费，这种现象是企业不允许发生的。

作业程序不但是下属执行的参考物，也是上级考核下级的重要依据。因此，如果企业想给客户提供最优质的产品和服务，各个工序都必须有一个标准化的作业程序，并让员工严格遵守这个作业程序，就可以把工作落实到位。

（3）标准手头存活量。

标准手头存活量，是指维持正常工作进行的必要的库存量。这个要素是针对产品制造业，尤其是生产部门设定的。它的背后含义是，所有的事情都不会按照我们预期的那样发生，而是充满可变性和不可预见性。为了预防这种情况的发生，避免给工作造成不便，我们必须储备适当的资源，以便随时调用。

就像带兵打仗，必须储备适当的粮草。产品制造也需要储备适当的原料，即便是现代职场，也要储备适当的办公用品。比如，打印纸、油墨、合同文本等，以便需要的时候随时调用。

以上三个要素在标准作业中互为前提，周而复始。管理者要想提高员工标准化作业的意识，就必须对员工详细地讲解这三个要素。同时，还要做到以下几点：

1. 向员工灌输遵守标准化作业的意识

企业在实行标准化作业时，要重视对员工进行培训。首先，在日常的管理过程中，要经常性地向员工灌输“标准必须人人遵守”的理念，而作为中层管理者，更要成为遵守标准的楷模。这样全公司才会形成一种按标准办事的良好风气。

2. 中层管理者要现场指导、跟踪确认

在实际工作中，中层管理者要经常走出办公室，走入员工中间，对员工进行现场指导，并跟踪确认员工是否在按标准化作业。也就是说，中层不仅要教会员工标准化作业，还应该跟进确认一段时间，看员工是否真的会采用标准化作业，结果是否稳定。

如果中层管理者只是口头教给员工，没有跟踪确认，那么标准化作业就难以落实到位。中层管理者现场指导员工的目的，就是让员工把标准化作业变成一种本领。

3. 在公司进行标准化作业的方法宣传

一旦设定了标准作业的方法，就要在公司进行大范围的宣传，要让所有的员工都知道，也能充分理解，并遵守这个标准去落实工作。宣传的方法很简单，可以在公司的公告栏上招贴告示，可以在公司的网站上刊登文

章，可以在公司的内部交流群里发帖告知，还可以开展主题宣讲活动。

4. 不断对标准化作业的方法进行完善

标准化作业是立足于当下的，代表的是当前最好的工作方法。但是时代在进步，企业的发展状况在不断变化，当前科学的工作方法，经过一段时间后可能不再是最好的方法。这就要求管理者保持不断优化标准化作业的方法的态度。比如，经常检讨、反思标准化作业的方法，定期召开一些检讨会，讨论是否有改进的空间。

四、防止标准落实中的“破窗”怪象

在实行标准化管理和标准化作业的过程中，有些管理者发现：员工落实标准一段时间，其执行力又恢复到以前的状态？为什么员工不能坚持把标准落实下去呢？这不由地让人联想到心理学上一个有名的效应——“破窗效应”，即因为一个人或几个人的松懈，导致以前美好的画面发生了改变。

什么是破窗效应呢？这源于一个故事：

1969 年，美国斯坦福大学心理学家菲利普·津巴多做了一项实验，他找来两辆一模一样的汽车，把其中的一辆停在加州帕洛阿尔托的中产阶级社区，而另一辆停在相对杂乱的纽约布朗克斯区。

停在布朗克斯的那辆车车牌被摘掉了，顶棚打开了。结果，当天就被人偷走了。而放在帕洛阿尔托的那一辆，一个星期也无人理睬。后来，津巴多用锤子把那辆车的玻璃敲了个大洞。结果呢，仅仅过了几个小时，它就被偷了。

以这项实验为基础，政治学家威尔逊和犯罪学家凯琳提出了一个“破窗效应”理论，认为：如果有人打坏了一幢建筑物的窗户玻璃，而这扇窗户又得不到及时的维修，就会有更多的人受到暗示，而去打烂更多的窗户。久而久之，这些破窗户就给人造成一种无序的感觉，结果在这种公众麻木不仁的氛围中，犯罪就会不断滋生，变得越来越猖獗。

那么，破窗效应与标准落实不到位有什么关系呢？

在日常工作中，办公桌上的财物、敞开的仓库大门，可能使本无贪念的人心生贪念。当有人偷拿财物，却没有得到严肃处理时，有类似的行为很可能再次发生。再比如，员工该做好的工作没做好，该落实的工作标准没落实到位，却没有受到任何批评、处罚，今后类似的事情还会发生。如此，员工在放纵之下，会变得越来越忽视标准的落实。久而久之，标准就在一点一滴中被破坏。

上海有一家公司，明文规定：上班期间，全体人员必须佩戴工牌，否则，发现一次罚款20元。标准定得不可谓不具体，落实起来难度也不大。可是，除了最初的几个月员工能够落实，慢慢地，有员工发现：就算某天没有佩戴工牌，领导发现了也不会罚款。渐渐地，知道这一情况的人越来越多。大家慢慢就不佩戴工牌了。到后来，几乎有一半的员工不把佩戴工牌当回事。遗憾的是，管理层并没有令行禁止，反而视而不见，严重影响公司的规范性和职业精神面貌。

也许你认为这只是一件小事，但正所谓“千里之堤，溃于蚁穴”，不及时修好第一扇被打碎玻璃的窗户，就可能会带来无法弥补的损失。如果你不在乎这些细小的环节，那么，就会被员工钻空子，有借口不在乎、不执行企业制定的标准。因此，作为管理者，应该注意抓住小细节，从小处着手抓标准。小的标准能执行到位后，那么，员工更会努力去执行更高的标准。

1. 制定合理的处罚标准并坚决落实

有很多企业对员工要求十分苛刻，尤其是在一些中小企业、民营企业，制度本身就不规范，老板一个人说了算，即使犯了一个很小的错误也要严惩。

一家杂志社规定：出现三次拖延交稿者，将被扣除一个月薪水。这样的规定显然是有些重，而且丝毫没有站在员工的角度思考。类似这家报社这样的“重罚”制度很多，也正是因为这种重罚导致员工的不稳定。

犯了错就应该遭到惩罚，这是符合事实的，但一定要有个度。与此同时，还要把这个“度”具体化、标准化，根据不同事件、不同程度分出高、中、低不同档次。

当然，对于一切惩罚制度，都应该明文规定，让员工看到做哪些事情会受到处罚，这样在做事时就不会去触碰，就算受到了处罚，也不能推卸责任或者寻找借口。因此，处罚标准一定要合理，同时也要公布于众，这样才能起到警戒的作用。

2. 运用奖励机制去促进标准的落实

企业为了增强员工落实标准的积极性，可以设定一些奖励。比如，每月对认真落实标准且绩效突出的员工，予以一定数额的奖金激励。要注意的是，既然制定了奖励制度，就应该严格执行。切勿许诺了员工奖励，却不兑现，这样很容易打击员工的积极性。

五、从细节抓起，确保标准落实到位

曾在通用汽车公司工作过 20 年，并著有《执行》一书的作者拉里·博西迪说过：“管理的关键是抓好两个要素：人和资源。如果你想把结果做好，就要在过程中重视细节。战略也好，制度也罢，或是理念，都应该落到实处。你追求细节有多深入、多执着，执行力就有多好，取得的成效就有多好。”在实施标准化管理过程中，我们应该从细节抓起，保证标准落实到位。

美国联邦航空局（FAA）向来以严格细致的管理闻名于同行。他们认为，有效的精细过程控制是生产高质量产品的保障，也是批量生产稳定性的保障。当年中美联合生产“MD－82”大型客机时，上海航空工业公司获得了生产整机的许可证，在与美国联邦航空局合作期间，中方企业深深领教了 FAA 代表的细致和严厉。

例如，FAA 要求将铆接工序用的铆钉淬火后保存在冰箱里，并在规定的时间内取出来使用。而在一次检查中，FAA 代表发现一枚铆钉出现在一个盛水的盆子里，而原始工作记录上显示这种铆钉已经用完。FAA 代表当即要求倒推查找问题，搞清楚为什么这颗铆钉出现在盆子里。

FAA 代表的理由是：这枚铆钉不明不白地出现，违背规程的放置，让人难以相信。要知道，飞机制造公司生产的是在天上飞行 5 万小时的高级客机，任何一个细微的环节都不能出差错。FAA 这种精细的执行态度给上海航空公司上了一课，使得后来的上海航空工业公司修成了正果。

身为中层管理者，要求员工落实标准的同时，还要重视从细节抓起，才能保证标准落实到位，从而保证产品或服务的质量。比如，全球第一零售巨头沃尔玛，要求员工对客户保持微笑，并且明确规定：员工必须对三米以内的顾客微笑致意，甚至还有微笑的细则——要露出八颗牙齿。再比如，有些酒店要求员工把马桶刷得光洁如新，甚至能直接饮用马桶里的水，以证明马桶的洁净。

野田圣子年轻的时候，曾在东京帝国酒店做服务员，那是她步入社会的第一份工作。但她万万没有想到，上司居然安排她洗厕所。上司对她工作质量的要求特别高：必须把马桶抹洗得光洁如新！野田圣子陷入了犹豫，她在想：是该接受这份工作，还是另谋高就？

公司里一位先辈看到野田圣子的犹豫态度，一声不响地给她做了个示范。当他把马桶洗得光洁如新时，他竟然用杯子在马桶中舀了一杯水喝了下去！先辈对工作质量的高标准、高要求，以及对待执行的细节精神，使野田圣子明白了什么是职业态度，什么是责任心。

此后，野田圣子在工作中，为了检验工作质量，也为了强化自己的敬业心，多次在自己擦洗过的马桶里舀水喝。后来，凭借这种对待工作的高度责任感和细节精神，野田圣子当选为岐阜县议会议员，而且是当时最年轻的县议员。再后来，担任日本的邮政大臣，是日本最年轻的阁员。

俗话说：千里之堤，溃于蚁穴。企业成败有时候不在大的决策上，而在小的执行上。美国哥伦比亚号航天飞机，就是因为一个橡胶垫圈的质量不合格，导致悲剧发生。因此，企业管理者要引以为戒，要重视标准落实过程中的小问题，充分发扬细节精神，努力把指标落实到位。

1. 根据市场需要针对细节制定标准

上海曾经发出这样一个通告：重量超过 1 吨的小货车，不准进入上海内环高架桥。消息发出后，日本货车商就立即开动脑筋。一个月以后，日本货车商在上海推出了 0.9 吨的小货车。一时间，这种小型货车风靡上海。很明显，日本人抓住了细节，赢得了市场，获得了利润。

2. 针对客户的需要在细节上加以改进

曾经有一段时间，中国所用的缝纫针要从日本进口，对此很多人感到不解，认为不就是一根针吗？为什么要买日本的呢？可是当他们看到日本的针孔时，马上明白了：因为日本的针孔是长条形，很好地照顾老年人穿针引线。而中国的针孔通常是圆孔，老年人眼花，往往不容易把细线穿过去。

3. 哪怕有一点不完美，都要推倒重来

海尔集团首席执行官张瑞敏上任伊始，在一次检查中发现有 76 台冰箱的质量不合格，他没有采取降价销售的策略处理这些冰箱，而是果断地拿起锤子，把这些冰箱全部砸烂。他用实际行动告诉全体员工：产品质量只有两种，一种是合格，一种是不合格，在这两者之间，没有第二个等级。因此，做就要做好，执行就要执行到位，决不能投机取巧，忽视细节上的问题。

砸冰箱表现的是对工作执行追求满分的决心，其效应震撼人心：海尔产品百分百一流！如果一个管理者有如此强烈的责任心，那么，他所带领出来的团队也将是优秀的，其执行力也将是令人惊叹的。

4. 针对态度设奖，牢牢树立细节精神

很多管理者都明白“态度比能力要重要”的道理，但在实际管理中，却没有为员工良好的工作态度设奖，以鼓励大家表现出好的态度。在这种情况下，员工并未因表现出好的工作态度而得到奖励，没有体验到好态度带来的好处。这显然是不利于员工继续保持良好执行态度的。因此，建议企业针对员工的工作态度制定奖惩制度，并落实这一奖惩制度，让工作态度好的员工受到奖励。同时，对于态度不好的员工，也应按照制度采取相应的处罚措施。有奖有罚，激励效果才更好。